Pretty SMART GEDÄCHTNIS-TRAINING

moses.

moses. Verlag GmbH
Arnoldstraße 13d
47906 Kempen
Fon 0 21 52 - 20 98 50
Fax 0 21 52 - 20 98 60
Mail info@moses-verlag.de
www.moses-verlag.de

ISBN 978-3-89777-552-7

Aufgaben & Texte: Manfred Eichstedt, Philip Kiefer, Elke Vogel
Titelgestaltung & Reihenlayout: Annett Wurm, Calli-Graphics
Layout, Typographie & Satz: Kirsten Küsters, PrePressPro
Redaktion & Lektorat: Elke Vogel
Produktmanagement: Maja Kuß, Tanja Mues
Herstellung: Linda Dörk

Printed in China

Pretty SMART Gedächtnistraining – so werden Sie schön schlau!

Rätselhefte sind langweilig, hässlich und verstaubt? Falsch! Unsere Pretty Smart Rätselbücher sind hübsch, unterhaltsam und attraktiv, und passen als schickes Accessoire in jede Handtasche. Damit machen Sie aber nicht nur eine gute Figur, sondern halten sich vor allem auch geistig fit. Egal ob in der U-Bahn, im Park oder im Café – mit Pretty Smart haben Sie Ihren Personal Trainer immer dabei. Und Spaß macht das Lösen der kleinen Trainingseinheiten sowieso. Damit Sie sofort starten können, haben wir Ihr wichtigstes Trainingsgerät für den Denksport – den Bleistift – auch gleich mitgeliefert.

Los geht's – werden Sie schön schlau!

WANN HAT OMA LUISE GEBURTSTAG?

WIE WAR NOCH MAL DAS PASSWORT FÜR DEN ONLINESHOP?

UND WARUM FÄLLT MIR DIE TELEFONNUMMER VON SEBASTIAN NICHT MEHR EIN?

In diesem Pretty Smart Personal Trainer finden Sie alles, was Sie für ein effektives Gedächtnistraining benötigen. Wir haben 100 abwechslungsreiche Aufgaben für Sie zusammengestellt, die Ihnen dabei helfen, Ihre Konzentration und Ihre Gedächtnisleistung kontinuierlich zu steigern. Ergänzt werden sie durch viele hilfreiche Tipps, die es Ihnen ermöglichen, sich nicht nur Telefonnummern und Geburtstage bald ganz einfach merken zu können.

Viel Spaß dabei!

Esperanto

Sie sehen 15 Wörter in Esperanto und deren deutsche Übersetzung. Prägen Sie sich die Vokabeln drei Minuten lang ein und decken Sie die Begriffe dann ab.

- agi – handeln
- birdo – Vogel
- dekstra – rechts
- eduki – erziehen
- flava – gelb
- genuo – Knie
- hirundo – Schwalbe
- konduki – lenken
- legi – lesen
- mola – weich
- nubo – Wolke
- okulo – Auge
- pensi – denken
- rajdi – reiten
- sezono – Jahreszeit

Wie viele Vokabeln haben Sie sich gemerkt?

.... Wolke	konduki ....
legi	.... rechts
okulo	.... erziehen
.... Schwalbe	pensi ....
.... birdo	.... reiten
flava	.... Knie
sezono	.... handeln
mola	

Zahlenchaos

Auf Ihrem Notizblock sind einige Zahlen kreuz und quer notiert. Versuchen Sie dennoch, sich diese innerhalb von zwei Minuten einzuprägen.

79.532 973 352,74 Euro

93,44 kg

12.10.2008

17.22 Uhr 36

0151-399855776

547.663

74,98 m

Konnten Sie sich Uhrzeit, Datum, Euro-Betrag, Telefonnummer etc. merken?

Dann decken Sie nun die Zahlen ab und versuchen Sie herauszufinden, welche der nachfolgenden Angaben mit den oben abgebildeten Zahlen identisch sind.

325,74 Euro	97.532
74,89 m	793
21.10.2008	352,74 Euro
79.532	74,98 m
973	12.10.2008

Machen Sie sich einen Reim!

Reime helfen Ihnen dabei, sich an wichtige Daten zu erinnern.

Bekannt ist z. B. der Reim „Drei, drei, drei – bei Issos Keilerei“ zu einer Schlacht Alexanders des Großen im Jahr 333.

Erfinden Sie selbst Reime zu folgenden historischen Ereignissen:

1919: Gründung der Weimarer Republik
1989: Fall der Berliner Mauer

Gar nicht so einfach, nicht wahr? Aber die Reime müssen nur ihren Zweck erfüllen und keinen literarischen Ansprüchen gerecht werden.

Im Gegenteil: Je unsinniger, desto einprägsamer!

Beispiele:

Sprach ein Chinese:
„Im Jahle neunzehn zwei Mal
gab es die Lepublik von Weimal.“

Neunzehnhundert,
was niemand wundert,
fiel – acht, neun –
die Berliner Mauer ein.

Drei nette Menschen

Sie lernen auf einer Party drei nette Menschen kennen. Prägen Sie sich ihre Personenbeschreibung 90 Sekunden lang ein.

Richard Kiesel
Geboren in Köln, 43 Jahre alt
Verheiratet, zwei Kinder
Lebt in München

Bianca Rodewetter
Büroangestellte
Fährt ein Cabrio
Geboren am 7. Juni 1979
1,80 m groß

Ludwig Anton Müller
Begeisterter Schachspieler
Geigenbauer, 54 Jahre alt
Umweltschützer

Konnten Sie sich die Charakteristika der einzelnen Personen einprägen? Dann decken Sie nun bitte die Personenbeschreibungen ab.

Notieren Sie, was Sie noch über die drei Party-Bekanntschaften wissen!

....

....

....

....

....

....

....

Versuchen Sie zukünftig, jede Information mit einer bildlichen Vorstellung der betreffenden Person zu verknüpfen!

Wie könnten denn die Bilder für Herrn Kiesel, Frau Rodewetter und Herrn Müller aussehen?

Eine Gedächtnisübung, die Sie überall durchführen können:

Betrachten Sie einen beliebigen Gegenstand intensiv zwei Minuten lang!

Schließen Sie nun die Augen und versuchen Sie, sich den Gegenstand mit allen Details vorzustellen.

Notieren Sie anschließend die eingeprägten Details und vergleichen Sie Ihre Notizen mit dem Original.

Merksätze

Die Saiten der Gitarre (E, A, D, g, h, e) lernen Sie auswendig mit dem Spruch: „Eine alte Dame geht heute einkaufen“ – die Anfangsbuchstaben des Satzes repräsentieren dabei die einzelnen Saiten.

Ersinnen Sie selbst einen Merksatz, um sich die sieben größten deutschen Städte in der Reihenfolge ihrer Größe zu merken:

Berlin – Hamburg – München – Köln – Frankfurt – Stuttgart – Dortmund

Legen Sie nun das Buch weg und warten Sie ein paar Minuten. Kennen Sie die Reihenfolge noch?

Der Fantasie sind hier keinerlei Grenzen gesetzt.
Ihr Merksatz könnte beispielsweise lauten:

„Beate hat meinen
Kochtopf für Suppe
daheim.“

Es funktioniert übrigens auch umgekehrt: Um sich einen wichtigen Lehrsatz besser zu merken, lernen Sie einfach die Anfangsbuchstaben der einzelnen Wörter auswendig.

Lesen Sie bitte diesen Bericht nur ein Mal gut durch!

Herr Otto ist ein 45-jähriger Kfz-Sachverständiger aus Bielefeld. Sein jetziger Aufgabenbereich ist die technische Überwachung von Omnibussen, davor war er für die Begutachtung eingeführter Kraftfahrzeuge zuständig.
Er arbeitet zwei Stunden an einem Omnibus, um alle wesentlichen Teile auf die Funktionsfähigkeit zu überprüfen. Dabei benutzt er eine Checkliste, die 53 einzelne Positionen enthält. Bei der Durchführung muss er drei Kopien anfertigen, wobei der blaue Durchschlag in der Verwaltung verbleibt und der rote der Betreiberfirma des Busses übersandt wird.

Decken Sie nun den Bericht ab und beantworten Sie bitte folgende Fragen:

1) Wer erhält den blauen Durchschlag?

2) Wie alt ist Herr Otto?

3) Wie viele Positionen enthält die Checkliste?

4) Was war der Arbeitsbereich von Herrn Otto vor seiner jetzigen Tätigkeit?

5) Aus welcher Stadt kommt Herr Otto?

FORMELSAMMLUNG

In Schule, Studium oder Beruf begegnet man immer wieder Formeln. Um sich solche abstrakten Gebilde einzuprägen, hilft vor allem eins: Verstehen. Es ist für das Gedächtnis außerdem sehr hilfreich, wenn Sie sich eine kleine Geschichte zu der Formel ausdenken, wobei jeder Buchstabe für einen Namen, einen Gegenstand usw. steht.

Versuchen Sie dies doch mal mit der so genannten „Sparkassenformel":

$$S = K_0 \cdot q^n + r \cdot \frac{q^n - 1}{q - 1}$$

Je kreativer Sie sind, desto leichter prägt sich die Formel ein!

Beispiel:
Sabine („S") schaut rüber auf die Weide. Dort steht ein Kalb („K") und trinkt aus einer Wasserlache („0"); die Mutterkuh („q") trinkt nicht („n"). Auf der Weide läuft ein Reh („r"). Die Mutterkuh („q") lässt sich von dem Reh nicht („n") erschrecken. Sie lässt einen Kuhfladen fallen („–1"). Eine andere Kuh („q") dagegen geht durch und lässt ebenfalls einen Kuhfladen fallen („–1").

Die Geschichte hört sich albern an, hilft dem Gedächtnis aber ungemein auf die Sprünge!

Wieviel können Sie sich merken?

Merken Sie sich innerhalb von zweieinhalb Minuten die folgenden (übrigens realen) Ortsnamen und die zugehörigen Postleitzahlen!

06862 Hundeluft
16928 Kuhbier
25836 Welt
38875 Elend
49086 Darum
54689 Jucken
63589 Linsengericht
74363 Frauenzimmern
83379 Wonneberg
97786 Motten

Decken Sie nun den Text ab und vervollständigen Sie – aus dem Gedächtnis heraus – die Liste:

54689 ....

.... Kuhbier

.... Darum

83379 ....

.... Motten

63589 ....

74363 ....

06862 ....

.... Welt

.... Elend

Die liebe Familie!

Lesen Sie den folgenden Text ein Mal konzentriert durch.

Mutter Binder hat es wirklich nicht einfach. Paul, ihr zweites Kind, ist in der Schule sitzen geblieben. Anna, die ältere Schwester, will mit ihren gerade mal 18 Jahren schon ausziehen. Janina, die Jüngste, will abends nie ins Bett. Und Jens hat nur Unsinn im Kopf, statt für die anstehende Mathe-Klausur zu lernen. Alfred, ihr Mann, mit dem sie seit 22 Jahren verheiratet ist, meint dazu nur: „Ist doch alles halb so wild."

Decken Sie nun die Beschreibung der Familie von Mutter Binder ab und lösen Sie die folgenden Aufgaben:

1) Ordnen Sie die Namen der Kinder ausgehend vom jüngsten Kind dem Alter nach.

2) Ordnen Sie den Kindern die einzelnen Probleme zu.

3) Beantworten Sie zum Abschluss die Frage: Wie heißt Mutter Binders Ehemann und wie lange sind die beiden bereits verheiratet?

Dichter und Dichtungen

Die nachfolgende Auflistung enthält kurze Informationen zum Leben von fünf berühmten Dichtern. Prägen Sie sich die Daten zehn Minuten lang ein, decken sie dann die Texte ab und versuchen Sie, die unten stehenden Zitate aus dem Gedächtnis heraus den einzelnen Dichtern zuzuordnen.

Friedrich Gottlieb Klopstock (1724-1803)
Prägung durch die wissenschaftlichen Erkenntnisse der Astronomen Kepler und Kopernikus – veröffentlicht 1748 ein Epos (Messias) in 20 Gesängen

Johann Wolfgang von Goethe (1749-1832)
Dichter, Theaterleiter, Naturwissenschaftler, Staatsmann – forschte auf naturwissenschaftlichen Gebieten, insbesondere im Bereich der Botanik (Stichwort: Urpflanze)

Edgar Allan Poe (1809-1849)
US-amerikanischer Schriftsteller – gilt als Begründer der Genres Kriminalliteratur, Science-Fiction, Horror – häufige Themen: Tod einer schönen Frau, lebendig begrabene Person, Menschen im Wahn

Annette von Droste-Hülshoff (1797-1848)
Führte ein zurückgezogenes, sogar eingeengtes Leben – in ihrer Kindheit und Jugend kränklich – berühmte Novelle: Die Judenbuche

Wilhelm Busch (1832-1908)
Humoristischer Dichter und Maler – Lausbubengeschichte Max und Moritz machte ihn berühmt – gilt aufgrund seiner satirischen Bildergeschichten als Wegbereiter des Comics

Welcher Dichter schrieb welches Zitat?

1) „Bei meinen Eltern ich war, - ein Kind,
Ein Kind und dessen nicht froh,
Im Hause wehte ein drückender Wind,
Der ehliche Friede floh“

2) „Jede Pflanze verkündet dir nun die ewgen Gesetze,
Jede Blume, sie spricht lauter und lauter mit dir.“

3) „Sing, unsterbliche Seele, der sündigen Menschen Erlösung,
Die der Messias auf Erden in seiner Menschheit vollendet“

4) „Die Selbstkritik hat viel für sich.
Gesetzt den Fall, ich tadle mich:
So hab ich erstens den Gewinn,
Daß ich so hübsch bescheiden bin“

5) „Und durch glutenrote Fenster
Werden heute Wandrer sehn
Ungeheure Wahngespenster
Grauenhaft im Tanz sich drehn“

Die Lösung finden Sie im Anhang auf Seite 128.

Die Blindenschrift

Das Braille-Alphabet, auch bekannt als Blindenschrift, wurde 1825 von dem Franzosen Louis Braille erfunden. Die Zeichen dieser Brailleschrift bestehen aus erhabenen Punkten, die Blinde mittels ihres Tastsinnes „lesen“ können. Das Grundzeichen besteht aus sechs Punkten.

Nachfolgend finden Sie das Alphabet in Braille-Schrift wiedergegeben. Prägen Sie sich die Zeichen ein – Sie haben zehn Minuten Zeit!

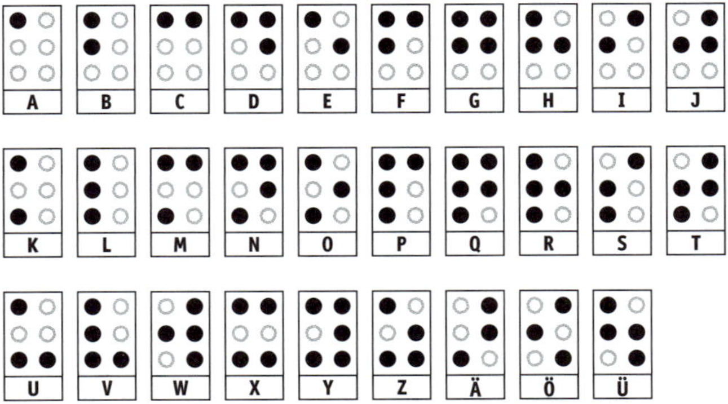

Decken Sie nun das Alphabet ab!

Entschlüsseln Sie die folgenden Wörter:

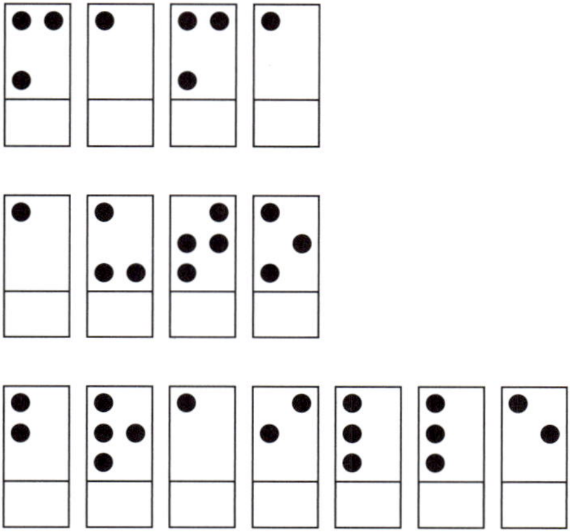

Lösung:
Mama, Auto, Braille

Navigation

Sie fahren auf der A 57 in Richtung Köln und müssen um 14:00 Uhr am Flughafen sein. Leider fängt Ihr Navigationssystem an, verrückt zu spielen: Vollkommen widersprüchliche Kommandos werden kurz hintereinander gegeben. Doch da Sie den Weg zum Flughafen nicht kennen, müssen Sie sich auf das „Navi“ verlassen und seinen Anweisungen Folge leisten. Prägen Sie sich die folgenden Kommandos fünf Minuten lang ein:

„Von der Autobahn rechts abfahren; dann sofort rechts fahren.“
„An der nächsten Kreuzung links fahren.“
„Falls möglich, in 40 m wenden.“
„An der nächsten Kreuzung links fahren.“
„Der Straße folgen und in 250 m links fahren.“
„Den Kreisverkehr an der vierten Ausfahrt verlassen.“
„An der nächsten Kreuzung links abbiegen.“
„Bitte wenden Sie jetzt.“
„Bitte links abbiegen.“
„An der nächsten Kreuzung rechts fahren.“
„Den Kreisverkehr an der dritten Ausfahrt verlassen.“
„Sie haben Ihr Ziel erreicht.“

Decken Sie nun die Anweisungen ab und versuchen Sie anhand des Stadtplanes herauszufinden, ob das Navigationssystem Sie tatsächlich zum Flughafen leitet. Ihr aktueller Standort ist durch den roten Pfeil markiert.

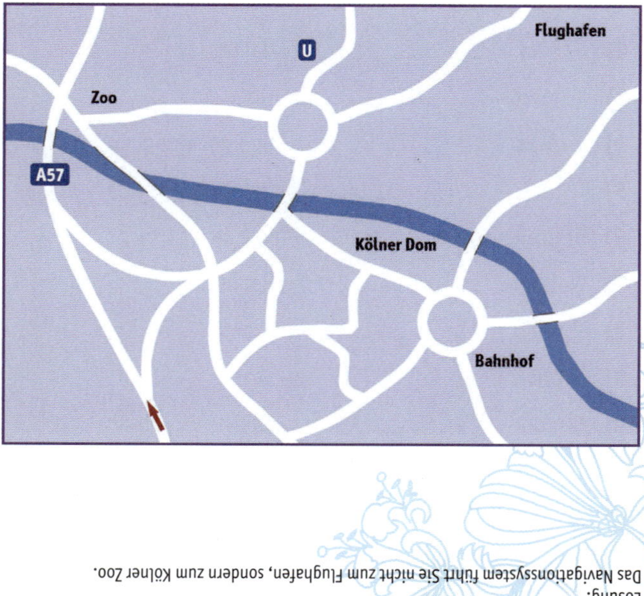

Lösung:
Das Navigationssystem führt Sie nicht zum Flughafen, sondern zum Kölner Zoo.

Brückenbau

Füllen Sie in jeder Zeile die Lücke mit einem Wort, so dass sich sowohl mit dem vorhergehenden als auch mit dem nachfolgenden Wort ein sinnvoller neuer Begriff ergibt.

1) Zucker - .... - Bausch

2) Stück - .... - Nachlass

3) Apfel - .... - Teig

4) Zahlen - .... - Besichtigung

5) Unfall - .... - Gefahr

6) Minuten - .... - Gefühl

7) Wolken - .... - Rechnung

8) Blinden - .... - Art

9) Buch - .... - Stand

10) Kinder - .... - Zaun

Und nun die verschärfte Variante: Können Sie erraten, welche beiden Wörter jeweils fehlen, sodass sich insgesamt drei sinnvolle Wörter ergeben?

a) Literatur - .... - .... - Nachlass

b) Kultur - .... - .... - Hascherei

c) Tag - .... - .... - Verschiebung

d) Öl - .... - .... - Schwangerschaft

e) Feier - .... - .... - Kehlchen

f) Vampir - .... - .... - Saal

g) Buch - .... - .... - Schanze

h) Personal - .... - .... - Infektion

i) Wasser - .... - .... - Gefahr

j) Schlaf - .... - .... - Quelle

Lösungen:
1) Watte, 2) Preis, 3) Strudel, 4) Schloss, 5) Flucht,
6) Takt, 7) Bruch, 8) Schrift, 9) Messe, 10) Garten

a. Literatur – Kritiker – Preis – Nachlass
b. Kultur – Schock – Effekt - Hascherei
c. Tag – Traum – Phasen – Verschiebung
d. Öl – Lampen – Schein – Schwangerschaft
e. Feier – Abend – Rot – Kehlchen
f. Vampir – Kostüm – Fest – Saal
g. Buch – Seiten – Sprung – Schanze
h. Personal – Computer – Virus – Infektion
i. Wasser – Fall – Sucht – Gefahr
j. Schlaf – Tabletten – Einnahme – Quelle

15

Enten auf Eis

Warum frieren Enten eigentlich nicht fest, wenn sie auf dem Eis stehen? Der nachfolgende Text wird das Rätsel lüften. Doch aufgepasst: Die Enten haben einige Buchstaben verschluckt! Zusammengesetzt ergeben sie das Lösungswort.

Würdest du mit nackten Füßen auf einem zugefrorenen Teich stehen, würden deine Füße entweder festfrieren oder lansam Löchr in die Eisecke schmelzen. Da beide Erfahrungen äußerst schmerzhft sind und mit Erfrirungen enden können, lässt du diesen Selbstversuh lieber bleiben. Enten hingegen frieren desalb nicht auf dem Eis fest, weil ihre Füße sehr kal sind. Dadurch verlieren sie auch keie Körperwärme an das Eis. Enten bestzen nämlich in ihrem Blutkreilauf einen einzigarigen Wärmeaustauscher: In den Beinen, die unte dem Federkleid stecken, verlufen die Arteren, die das warme Blut aus dem Körper in die Füße transportieren, ganz eng neben den Vene, durch die das kalte Blut aus den Füßen in den Körper zurückfleßt. Dort gibt das warme Blut der Arterien seine gaze Wärme an das kalte Blut in den Venen ab. Folglich fließt nur kaltes Blut in die Füße, das vor dem Rückfluss wieder anewärmt wird.

aus: Heimische Vögel beobachten (Bärbel Oftring)

Das Lösungswort lautet:

....

Die Lösung finden Sie im Anhang auf Seite 128.

Geometrische Muster einprägen und nachzeichnen

Prägen Sie sich die folgenden Muster fünf Minuten lang ein, decken Sie diese dann ab und zeichnen Sie aus dem Gedächtnis heraus die Muster in die leeren Felder.

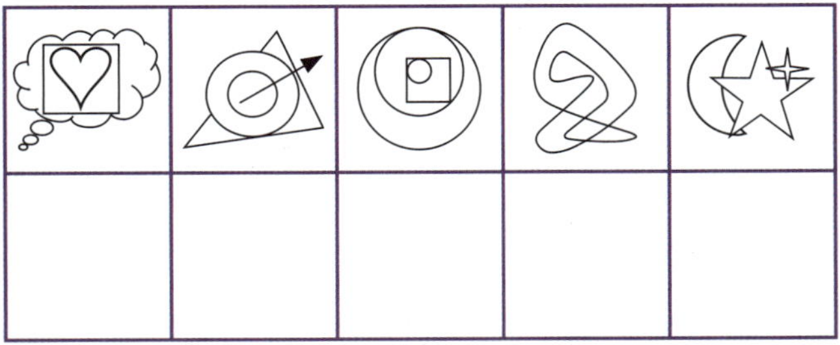

Tipp:
Denken Sie sich einfach zu jeder Abbildung eine kleine Geschichte aus. Auf diesem Wege bleiben Ihnen die einzelnen Bilder besser im Gedächtnis!

Die Geschichte zum ersten Bild könnte beispielsweise folgendermaßen lauten:
In meinen Gedanken sende ich dir mein Herz, liebevoll verpackt in einem quadratischen Päckchen.

Am laufenden Band

In den Jahren 1974 bis 1979 lief in der ARD die Quizsendung „Am laufenden Band“ mit Rudi Carrell. Der Sieger nahm am Ende der Show vor einem Fließband Platz und musste sich die an ihm vorbeilaufenden Gegenstände merken. Sämtliche Gegenstände, die danach aus dem Gedächtnis heraus aufgezählt werden konnten, durfte der Sieger behalten. Legendär war das Fragezeichen-Symbol, hinter dem sich stets ein Überraschungspreis verbarg.

Sie haben eine Minute Zeit, sich die folgenden 20 Begriffe einzuprägen. Decken Sie diese dann ab und finden Sie heraus, wie viele Preise Sie bei der Quizshow gewonnen hätten.

Um es mit den Worten Rudi Carrells zu sagen:
„Und bitte: Band ab!“

Fernseher – Waschmittel – Bügeleisen – Herz – Sparschwein – Astronaut – ? – Besteckset – Stereoanlage – Fotoapparat – Mona Lisa – Kleine Meerjungfrau – Toaster – Fahrrad – Mikrowelle – Formel 1-Rennwagen-Modell – Flugzeug – Kerzenständer – Schlauchboot – PC

Die Zeit ist um! Decken Sie nun die Begriffe ab und notieren Sie Ihre Gewinne:

Wie viele Gegenstände konnten Sie sich merken?

Und nun aufgepasst: Hinter manchen Begriffen verbirgt sich ein besonderes Highlight. Lassen Sie Ihrer Fantasie freien Lauf und überlegen Sie, welche Begriffe dies betrifft und was sich dahinter verbergen könnte.

Beispiele: Das Flugzeug könnte für einen Freiflug mit der historischen Ju 52 stehen; das Herz könnte einen Gastauftritt in der Fernsehserie „Verbotene Liebe“ symbolisieren. Und was würden Sie sich als Gewinn für das Fragezeichen wünschen?

18

Ihre Kreativität ist gefragt!

Die übliche Verwendung der folgenden Alltagsgegenstände ist klar. Doch überlegen Sie nun mal fünf Minuten lang, wie man diese Dinge noch auf andere – gern auch auf sehr ungewöhnliche – Weise einsetzen könnte.

- Kreditkarte
- Schuh
- Tasse
- Wäschekorb
- Wecker
- Zeitung

Der Kreativität sind keine Grenzen gesetzt!

Herrscht sowieso Ebbe in der Kasse? Dann verwenden Sie Ihre Kreditkarte beispielsweise zum Käseschneiden. Der Wäschekorb eignet sich umgedreht als Kindertisch – oder Sie verstopfen die Löcher und lassen Goldfische darin schwimmen. Auch für die anderen Alltagsgegenstände sind eine Menge anderer Anwendungsmöglichkeiten denkbar.

Machen Sie diese spielerische Übung am besten jeden Tag – mit irgendeinem Gegenstand, der Ihnen gerade in den Sinn kommt.

Wie ist es um Ihr Langzeitgedächtnis bestellt?

Im Langzeitgedächtnis werden Informationen mehrere Jahre, oft sogar ein Leben lang gespeichert.

Testen Sie es, indem Sie versuchen, sich an folgende Details aus Ihrer Vergangenheit zu erinnern:

- Das Aussehen Ihres besten Kindergartenfreundes

....

....

- Die Namen Ihrer Grundschullehrer

....

....

- Ein Gedicht, das Sie in Ihrer Kindheit auswendig gelernt haben

....

....

....

Ferienglück

Lesen Sie den folgenden Text gründlich durch – aber nur einmal! Prägen Sie sich dabei möglichst alle enthaltenen Informationen ein.

Franziska Krause ist seit sieben Jahren Lehrerin an einem Münchner Gymnasium. Sie unterrichtet Mathematik und Physik. Frau Krause fährt einen dunkelblauen Golf, Baujahr 2004. Wenn sie frei hat, fährt sie damit gerne mal ins Grüne raus. In drei Wochen sind endlich wieder Ferien. Frau Krause hat im Reisebüro „Inselglück" bereits einen Urlaub gebucht: Zwei Wochen Kenia, Unterkunft in einem 5-Sterne-Hotel. Sie und ihr Ehemann Andreas freuen sich schon sehr auf die Reise.

Haben Sie sich sämtliche Informationen einprägen können? Dann decken Sie nun die Beschreibung ab und beantworten Sie folgende Fragen zum Text:

1) Welches Baujahr hat der Golf von Frau Krause?

2) Welche Farbe hat der Golf?

3) Welche Fächer unterrichtet Frau Krause?

4) Wie heißt das Reisebüro, in dem sie ihren Urlaub gebucht hat?

5) Wie lange dauert es noch bis zu den Ferien?

„Ich liebe dich" in zehn Sprachen der Welt.

Prägen Sie sich die folgenden Vokabeln zweieinhalb Minuten lang ein und decken Sie die Vokabeln dann ab.

Finnisch	Mä rakastan sua	Rumänisch	Te iubesc
Schwedisch	Jag älskar dig	Slowenisch	Ljubim te
Japanisch	Ai shite imasu	Ungarisch	Szeretlek
Lettisch	Es tevi milu	Tunesisch	Nhebek
Albanisch	Te dua	Suaheli	Nakupenda

Was heißt „Ich liebe dich" auf …? Notieren Sie die richtigen Antworten.

Slowenisch ....

Tunesisch ....

Finnisch ....

Ungarisch ....

Japanisch ....

Suaheli ....

Lettisch ....

Rumänisch ....

Albanisch ....

Schwedisch ....

Quadrate

Merken Sie sich, wie die folgenden Quadrate ausgefüllt sind – Sie haben 90 Sekunden Zeit!

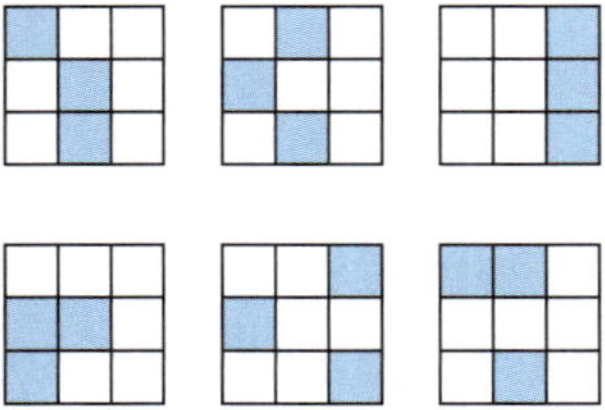

Decken Sie danach die Abbildung ab und füllen Sie – aus dem Gedächtnis heraus – die nachfolgenden Quadrate entsprechend aus.

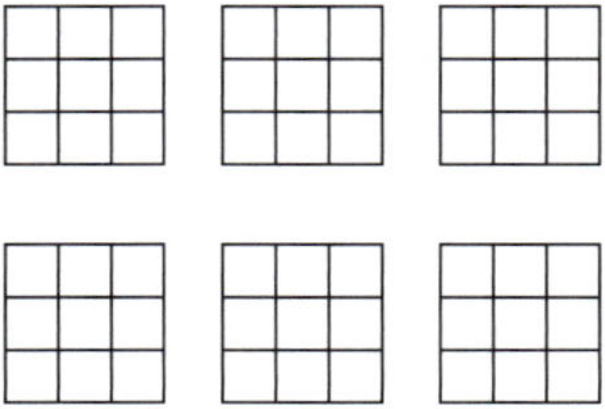

Sie haben 90 Sekunden Zeit!

Prägen Sie sich folgende Begriffe ein:

Fenster	Maus	Rasenmäher	Tisch	Eimer
Pfirsich	Zeitschrift	Wecker	Foto	Jacke
Straße	Euro	Zange	Schuh	Computer

Decken Sie die Begriffe nun ab und denken Sie eine Minute lang an Ihren letzten Urlaub oder an ein anderes schönes Ereignis, um Ihre Gedanken zunächst von den Begriffen abzulenken.

Schreiben Sie dann alle im Gedächtnis verbliebenen Begriffe nieder!

....

....

....

....

....

Tipp: Um sich das nächste Mal noch mehr Begriffe einprägen zu können, denken Sie sich einfach eine kleine Geschichte dazu aus.

Lernen Sie das Gedicht „Der Panther“ auswendig:

Sein Blick ist vom Vorübergehn der Stäbe
so müd geworden, dass er nichts mehr hält.
Ihm ist, als ob es tausend Stäbe gäbe
und hinter tausend Stäben keine Welt.

Der weiche Gang geschmeidig starker Schritte,
der sich im allerkleinsten Kreise dreht,
ist wie ein Tanz von Kraft um eine Mitte,
in der betäubt ein großer Wille steht.

Nur manchmal schiebt der Vorhang der Pupille
sich lautlos auf – Dann geht ein Bild hinein,
geht durch der Glieder angespannte Stille
und hört im Herzen auf zu sein.

Tipp: Die Weltliteratur hat einiges zu bieten. Lernen Sie jede Woche ein neues Gedicht auswendig, um Ihr Gedächtnis in Schwung zu halten!
Das Gedicht „Der Panther“ stammt übrigens von Rainer Maria Rilke.

Kauderwelsch

Lernen Sie die folgenden Buchstaben-Kombinationen auswendig. Sie haben drei Minuten Zeit!

1) TRNGEA **2)** NROTIEW **3)** HUNKEC

4) MLEBU **5)** LSSSEE

Decken Sie nun die Buchstaben-Kombinationen ab und bilden Sie – aus dem Gedächtnis heraus – jeweils mindestens ein sinnvolles Wort aus diesen Buchstaben!

1) ....

2) ....

3) ....

4) ....

5) ....

Nicht leicht, diese Aufgabe! Wörter, die Sinn ergeben, lassen sich viel einfacher merken als die (scheinbar) sinnlosen Buchstaben-Kombinationen.

Folgende Wörter könnten beispielsweise aus den Buchstaben gebildet werden:
1) Garten, 2) Rotwein, 3) Kuchen, 4) Blume, 5) Sessel.

Sudoku

Prägen Sie sich dieses Sudoku innerhalb von zweieinhalb Minuten gut ein!

4	9	3			1	2	5	
8	2	1	3	5				6
		7	4		9			1
9	4		1	8	3		7	2
1		6				3		8
3	8		6	7	4		1	9
7			2		5	9		
6				4	8	1	2	3
	1	4	9			7	8	5

Decken Sie nun das Sudoku ab und stellen Sie fest, in welchen Punkten sich das nebenstehende Zahlenrätsel von dem vorherigen unterscheidet!

4	9	3			1	2	5	
8	3	1	2	5				6
		7	4			9		1
9	4		1	3	8	7		2
1			6			3		8
3	8		6	7		4	1	9
		7	2		5	9		
6				1	2	4	8	3
	4	1	9		7		8	5

Finden Sie außerdem heraus, welches Sudoku lösbar ist? In jeder Spalte, in jeder Zeile und in jedem Quadrat à neun Kästchen darf jede Ziffer nur einmal vorkommen!

Amerika

Sie sehen die Hauptstädte von 15 amerikanischen Bundesstaaten. Lernen Sie die Liste innerhalb von zweieinhalb Minuten auswendig!

Alaska – Juneau
Colorado – Denver
Delaware – Dover
Florida – Tellahassee
Idaho – Boise
Kansas – Topeka
Maryland – Annapolis
Minnesota – Saint Paul
Montana – Helena
Nevada – Carson City
North Dakota – Bismarck
South Dakota – Pierre
Vermont – Montpelier
Wisconsin – Madison
Wyoming – Cheyenne

Beantworten Sie folgende Fragen – allerdings aus dem Gedächtnis heraus, d.h. ohne in der obigen Liste nachzuschauen:

Die Hauptstädte welcher Bundesstaaten ...

- beginnen mit dem Buchstaben „C“?
- enden auf den Buchstaben „a“?
- beinhalten gängige Vornamen?
- bestehen aus zwei Wörtern?
- haben weniger als sechs Buchstaben?

Lernen Sie diesen Text auswendig!

Es schienen so golden die Sterne,
Am Fenster ich einsam stand
Und hörte aus weiter Ferne
Ein Posthorn im stillen Land.
Das Herz mir im Leib entbrennte,
Da hab' ich mir heimlich gedacht:
Ach, wer da mitreisen könnte
In der prächtigen Sommernacht!

Es handelt sich hierbei um die erste Strophe des Gedichts „Sehnsucht" von Joseph von Eichendorff (1788-1857). Eichendorff gilt als einer der Hauptvertreter der spätromantischen Lyrik in Deutschland.

Geschichten erzählen

Lassen Sie Ihrer Fantasie freien Lauf und versuchen Sie, mit den nachfolgenden Wörtern eine kleine Geschichte zu erzählen. Je verrückter diese Geschichte ausfällt, umso besser – dies ist der Schlüssel zu einem besseren Gedächtnis, denn mithilfe dieser erfundenen Geschichte werden Sie die einzelnen Wörter nicht wieder so schnell vergessen!

Frühling – Schnee – Sonnenstrahlen – Vögel – See – U-Boot – Sprachfähigkeit – Krise – Nistkasten – Gewitter – Versteck – Zeit – Geheimnis

Ihre Geschichte könnte folgendermaßen beginnen:
Erneut steht der Frühling vor der Tür. Der Schnee schmilzt angesichts der ersten Sonnenstrahlen …

Bis hierhin scheint die Geschichte noch relativ idyllisch zu sein – doch wie passt das U-Boot in diese friedliche Stimmung? Seien Sie kreativ …

30

Teekesselchen

Teekesselchen sind Wörter, die eine doppelte oder mehrfache Bedeutung haben; man bezeichnet sie auch als Homonyme. Während es bei dem Spiel Teekesselchen darum geht, den Mitspielern Hinweise auf das Lösungswort zu geben (Beispiel: Mein 1. Teekesselchen ist ein berühmter Komponist. Mein 2. Teekesselchen ist ein Wasserlauf. Lösung: Bach), geht es nachfolgend darum, zu den vorgegebenen Wörtern mindestens zwei Bedeutungen zu finden.

Bach	Komponist	Wasserlauf
Schlange		
Quark		
Käfer		
Drache		
Berliner		
Arm		
Strom		

Die Lösung finden Sie im Anhang auf Seite 128.

Naschkatzen-Fondue

Prägen Sie sich die folgenden Begriffe zwei Minuten lang ein:

Schokoladen-Soufflé – Meine Schokoladenseite – Seelenschmeichler – Schoko-Minze-Tarte – Karamell-Trinkschokolade – Schoko-Zimt-Konfekt – Kakaobaum – Schokoladenbrunnen – Literarische Zeitreise – Kakaobutter – Naschkatzen-Fondue – Edle Praline – Champagner-Sahne-Trüffel – Trank der Götter – Edelkakaosorten

Decken Sie nun die Begriffe ab und rechnen Sie folgende Aufgaben:

1) $\sqrt{64} + \sqrt{144} =$ .... **2)** $1264 - 786 - 78 =$ ....

3) $(36 \times 4) + (78 \times 2) - \sqrt{81} =$ ....

Wie lauteten noch gleich die Begriffe aus der Welt der Naschkatzen?

....

....

....

....

....

Welcher Begriff tanzt aus der Reihe? ....

Lösung: 1) 20, 2) 400, 3) 291, Literarische Zeitreise

Schilder-Dschungel

Prägen Sie sich die folgenden Verkehrszeichen vier Minuten lang ein.

Decken Sie die Zeichen nun ab und vergleichen Sie diese – aus dem Gedächtnis heraus – mit den folgenden Abbildungen, die leicht verfälschte Ausschnitte der Verkehrszeichen darstellen.

Welche beiden Verkehrszeichen tauchen unten nicht wieder auf, und welche zwei haben sich stattdessen „eingeschlichen“?

Lösung:
Verkehrsschilder, von denen keine Ausschnitte existieren:
- Parkplatz
- Verkehrsberuhigter Bereich

Ausschnitte, die nicht als Verkehrsschilder abgebildet sind:
- Wanderparkplatz
- Zelt- und Wohnwagenplatz

Schuhtick

Prägen Sie sich die folgenden Schuharten, die in alphabetischer Reihenfolge aufgelistet sind, vier Minuten lang ein. Decken Sie diese dann ab und notieren Sie, an welche Schuharten Sie sich noch erinnern.

Ankle Boots – Army-Stiefel – Ballerinas – Clogs – Espadrilles – Flats – Flip-Flops – Gummistiefel – High Heels – Knitter-Stiefel – Mokassins – Moonboots – Pantoffeln – Plateauschuhe – Pumps – Riemchenschuhe – Sandalen – Skischuhe – Sneakers – Slingpumps – Slipper – Springerstiefel – Stiefel – Stiefeletten – Stilettos – Stöckelschuhe – Tanzschuhe – Turnschuhe – Wanderstiefel

....

....

....

....

....

....

....

....

Die Zahl Pi

Die Zahl Pi beschreibt das Verhältnis vom Umfang eines Kreises zu seinem Durchmesser. Sie sehen im Folgenden die Zahl Pi mit 50 Nachkommastellen. Versuchen Sie, innerhalb von drei Minuten so viele Nachkommastellen wie möglich auswendig zu lernen.

π = 3,14159265358979323846264338327950288419716939937510

Decken Sie nun bitte die Ziffernfolge ab und versuchen Sie, die Zahl Pi mit so vielen Nachkommastellen wie möglich zu notieren!

....

Die Nachkommastellen der Zahl Pi auswendig zu lernen ist übrigens ein richtiger Sport. Den offiziellen Weltrekord hat der Chinese Chao Lu aufgestellt: Er brauchte rund 24 Stunden, um knapp 68.000 Nachkommastellen der Kreiszahl aufzusagen.

Wie viele Nachkommastellen konnten Sie sich merken? Wenn Sie Lust haben, lernen Sie so lange weiter, bis Sie alle 50 Nachkommastellen auswendig kennen.

Buchstabenknobelei

Jedem Buchstaben ist eine Zahl zugeordnet – Sie haben drei Minuten Zeit zum Auswendiglernen!

A = 4	B = 9	C = 15	D = 1	E = 20	F = 8	G = 14
H = 17	I = 12	J = 23	K = 2	L = 21	M = 16	N = 6
O = 24	P = 25	Q = 22	R = 10	S = 13	T = 3	U = 18
V = 5	W = 26	X = 7	Y = 19	Z = 11		

Decken Sie nun diese Buchstaben-Zahlen-Kombination ab und versuchen Sie herauszufinden, um welche Wörter es sich hier handelt!

8 – 12 – 6 – 14 – 20 – 10 ....

14 – 4 – 10 – 3 – 20 – 6 ....

4 – 25 – 8 – 20 – 21 – 9 – 4 – 18 – 16 ....

11 – 26 – 20 – 12 – 10 – 4 – 1 ....

16 – 24 – 6 – 1 – 21 – 12 – 15 – 17 – 3 ....

Können Sie auch die folgende Berechnung durchführen?

V + X + E + J = ?

....

Lösung:
Finger, Garten, Apfelbaum, Zweirad, Mondlicht
5 + 7 + 20 + 23 = 55

So gross wie ...

Vergleiche helfen dabei, bestimmte Sachverhalte zu veranschaulichen. Wenn man z.B. sagt „Der Hund war groß.“, so können Sie mit dieser Aussage kein bestimmtes Bild verknüpfen. Der Satz „Der Hund war so groß wie ein Shetland-Pony“ hingegen ist sehr aussagekräftig. Versuchen Sie es doch einmal!

1) Der Teddybär war so groß wie ....

2) Der Mann im Fitness-Center hatte Muskeln wie ....

3) Die Mathearbeit war schwer wie ....

4) Meine Tochter ist mindestens so intelligent wie ....

5) Meine Güte – die Frau an der Kasse war ja zickig wie ....

6) Das Bewerbungsgespräch war wie ....

7) Das Auto beschleunigt so träge wie ....

8) Der Blumenstrauß ist so bunt wie ....

9) Dieser Mensch ist genauso herzlos wie ....

10) Mein Computer erscheint mir genauso launisch wie ....

Geschichtenerzählen

Denken Sie sich eine kleine Geschichte aus, welche die folgenden sieben Begriffe in beliebiger Reihenfolge enthalten soll:

Tasse, Auto, Wiese, Zoo, Fernbedienung, Rathaus, Schaufel

Sich kleine Geschichten auszudenken ist ein gutes Training für die eigene Kreativität! Und es bietet noch einen weiteren nützlichen Effekt: Wetten, dass Sie die sieben Begriffe nicht so schnell wieder vergessen werden?

Kopftraining

Prägen Sie sich die folgenden 15 Wörter 90 Sekunden lang ein! Warten Sie etwa eine Minute und versuchen Sie dann, so viele Wörter wie möglich aus dem Gedächtnis heraus aufzusagen. PS: Pfuschen gilt nicht!

Sofa, Wolke, Baum, Pferd, Schrank, Auto, Buch, Vogel, Stuhl, Rose, Regen, Zeitung, Schaf, Regal, Fahrrad

Tipp: Sie merken sich die Wörter leichter, wenn Sie diese nach Kategorien sortieren (Möbelstücke, Tiere usw.). Oder denken Sie sich eine kleine Geschichte dazu aus („Ich stieg vom Pferd ab und setzte mich unter einen Baum …“).

Opernbesuch

Sie lernen in der Oper eine nette Person kennen, die Ihnen einiges erzählt. Wie viel behalten Sie nach einmaligem Lesen?

„Mein Name ist Hans Neuendorf. Ich bin wohnhaft in Hamburg, Torweg 16. Meine Frau Anna und ich waren vor Kurzem sechs Wochen im Urlaub – USA, Arizona. Mein Geburtsdatum ist der 11. Juni 1953. Im Alter von 17 Jahren war ich mit der Schule fertig, im Anschluss habe ich eine Ausbildung zum technischen Zeichner in der Firma Langefried begonnen. Seit 23 Jahren bin ich selbstständig und habe vier Mitarbeiter."

Decken Sie nun bitte die Beschreibung ab und beantworten Sie folgende Fragen:

1) Wie heißt die Frau von Herrn Neuendorf? ....

2) Wann hat Herr Neuendorf Geburtstag? ....

3) In welcher Hamburger Straße lebt Herr Neuendorf? ....

4) In welchem Jahr begann Herr Neuendorf seine Ausbildung? (Rechnen Sie es aus!) ....

5) Wie lautet der Vorname von Herrn Neuendorf? ....

LANGZEITGEDÄCHTNIS

In Ihrem Langzeitgedächtnis speichern Sie Informationen für einen langen Zeitraum ab. Fordern Sie Ihr Langzeitgedächtnis doch einmal heraus:

1) Versuchen Sie sich an mindestens fünf Ereignisse Ihres Lebens aus der Zeit vor dem sechsten Geburtstag zu erinnern.

....

....

....

2) Machen Sie eine Liste aller Autos, die Ihre Eltern gefahren haben, seit Sie auf der Welt sind. Halten Sie dabei möglichst die zeitliche Reihenfolge ein.

....

....

3) Erinnern Sie sich an möglichst viele Details Ihrer damaligen Spielzeuge.

....

....

....

Das Geruchsgedächtnis ist gefragt

Nun erinnern Sie sich einmal an folgende Gerüche. Schließen Sie jeweils die Augen, um sich den Geruch besser vorstellen zu können.

- Zimt
- Erdbeere
- Honig
- Heu
- Waldmeister
- Klare Brühe
- Emmentaler Käse

Der Geruchssinn wird manchmal auch als „Gedächtnis-Sinn" bezeichnet, weil man einmal wahrgenommene Gerüche kaum wieder vergisst. Meistens erinnert man sich jedoch erst an Gerüche, wenn man diesen in der Außenwelt begegnet. Sich an einen bestimmten Geruch zu erinnern, ist hingegen gar nicht so einfach.

Versteckte Rechenaufgaben

Entdecken Sie in den folgenden Telefonnummern versteckte Rechenaufgaben, die Ihnen dabei helfen, sich die Nummern besser zu merken.

1) 942173 ....

2) 48296 ....

3) 3159 ....

4) 72324 ....

Lösungsbeispiele finden Sie unten auf dieser Seite.

Und weil kleine Rechenaufgaben zugleich hervorragende Eselsbrücken sind, versuchen Sie doch einmal, Rechenaufgaben in den Telefonnummern Ihrer Freunde zu finden! Nachfolgend haben Sie die Gelegenheit, diese Nummern und dazugehörige Rechenaufgaben zu notieren:

....

....

....

....

Lösungsbeispiele: 1) 94 – 21 = 73, 2) 48 x 2 = 96, 3) 3 + 1 + 5 = 9, 4) 72 : 3 = 24

Verbessern Sie Ihr Zahlengedächtnis!

Buchstaben helfen Ihnen dabei, sich an Zahlen zu erinnern! Ersetzen Sie beispielsweise die einzelnen Ziffern einer Zahl, die Sie sich merken möchten, durch folgende Buchstaben:

1 = a 2 = b 3 = c 4 = d 5 = e

6 = f 7 = g 8 = h 9 = i 0 = j

Finden Sie heraus, welchen Nutzen das bringt?

Bilden Sie aus den Buchstaben Wörter. Sie können sie auch als Anfangsbuchstaben eines Merksatzes verwenden, mit dessen Hilfe Sie sich eine abstrakte Zahl, etwa einen wichtigen Geheimcode, besser einprägen.

Beispiel: Die Nummer 1167538 ergibt die Buchstabenkombination aafgech. Daraus bilden Sie einen Satz, den Sie nicht so leicht vergessen: „An Allerheiligen fuhr Gisela einen Computer hoch.“

„Danke“ in zehn Sprachen

Sie haben zwei Minuten Zeit zum Auswendiglernen!

- Polnisch – Dziękuję
- Tibetisch – Tujechhe
- Japanisch – Arigato
- Nepalesisch – Dhanyabaad
- Dänisch – Tak
- Finnisch – Kiitos
- Italienisch – Grazie
- Maltesisch – Grazzi
- Russisch – Spasibo
- Ungarisch – Köszönöm

Decken Sie die oben stehenden Vokabeln ab und beantworten Sie die nachfolgenden Fragen:

Wo sagt man ...

Grazzi? In ....

Spasibo? In ....

Kiitos? In ....

Dziękuję? In ....

Tujechhe? In ....

Was heißt „Danke“ in ...

Nepal? ....

Japan? ....

Ungarn? ....

Dänemark? ....

Italien? ....

ROUTENPLANER

Ein Routenplaner berechnet Ihnen die folgende Strecke:

B 19: 6,5 km > A 8: 113 km > A 99: 7,3 km > A 92: 132 km > A 3: 40,5 km > St 2125: 7,1 km > B 12: 0,5 km > St 2110: 0,3 km

Prägen Sie sich die Daten zwei Minuten lang ein und decken Sie die Informationen anschließend ab!

Hier sehen Sie einen Plan der zurückzulegenden Strecke. Erinnern Sie sich, wie viele Kilometer auf dem jeweiligen Streckenabschnitt gefahren werden müssen?

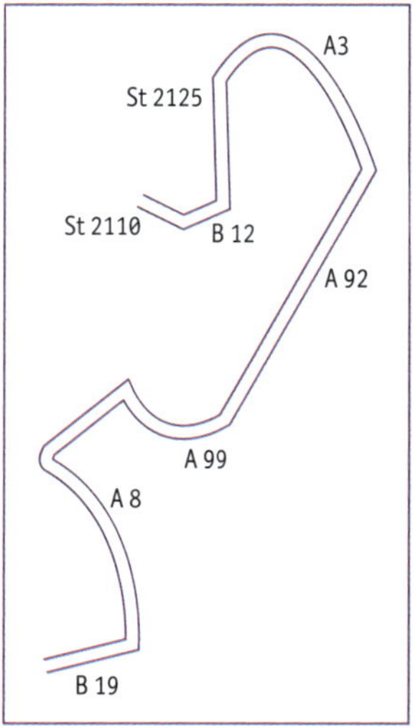

Wieder ist Ihr Langzeitgedächtnis gefragt!

Versuchen Sie, sich an zehn Melodien von Liedern, die Sie im Kindergarten oder in der Schule gelernt und gesungen haben, zu erinnern. Schreiben Sie die Titel der zehn Lieder nachfolgend auf:

....

....

....

....

....

....

Und nun versuchen Sie doch einmal, sich jeweils mindestens an die erste Strophe der Kinderlieder zu erinnern.

Während Sie sich an reine Texte, die Sie in der Kindheit gelernt haben, kaum mehr erinnern, sind die Lieder oft noch erstaunlich präsent. Melodie und Rhythmus sind hilfreich fürs Erinnerungsvermögen!

Trinkschokolade

Draußen ist es bitterkalt – die Welt versinkt im Tiefschnee. Sie laden Ihre Freundinnen zu einem gemütlichen „Kaffeeklatsch" ein und überraschen sie mit heißer Trinkschokolade. Und da Sie wissen, dass jede der acht Damen eine ganz besondere Vorliebe hegt, haben Sie sich Folgendes notiert:

Freundin	Trinkschokolade	Zutat
Ute	aromareich	Vanilleschote, Zimt
Sabine	orientalisch	Kardamom, gemahlen
Doris	fruchtig	Orangenschalen, gerieben
Kirsten	erfrischend	Minzeblätter
Christa	würzig	Thymian
Heike	süß	Honig, Karamellaroma
Fabienne	scharf	Chilipulver
Melanie	edelsüß	Rosenblütensirup

Prägen Sie sich die Tabelle fünf Minuten lang ein und decken Sie diese dann ab.

Können Sie sich noch daran erinnern, welche Freundin mit welcher Sorte Trinkschokolade glücklich gemacht werden kann?

Freundin	Trinkschokolade	Zutat
Ute	aromareich	
		Kardamom, gemahlen
	fruchtig	
Kirsten		
	würzig	
Heike	süß	
Melanie		Rosenblütensirup

48

Können Mäuse singen?

Lesen Sie die folgende Inhaltsangabe und zählen Sie dabei sämtliche „e“:

Im Haus von Mrs. Honeybee, die leidenschaftlich gerne Klavier spielt, lebt eine große Mäusefamilie. Der Kleinste im Wurf ist Wolfgang Amadeus Maus. Er liebt Musik und lauscht jeden Tag dem Spiel von Mrs. Honeybee. Bald kann er Melodien nachsingen. Mrs. Honeybee ist begeistert. Sie werden Freunde und musizieren zusammen. Als eines Tages Mrs. Honeybee stürzt und dringend Hilfe braucht, weiß Wolfgang Amadeus Maus, dass es jetzt allein auf ihn ankommt ...

(Wolfgang Amadeus Maus; Dick King-Smith)

Der Text beinhaltet .... „e“!

Decken Sie nun den Text ab und beantworten Sie folgende Fragen:

1) Der Name der singenden Maus lautet ....

2) Er ist der .... im Wurf und liebt ....

3) Die Mäusefamilie lebt im Haus von Mrs. ....

4) Diese benötigt Hilfe, weil sie ....

Lösung:
60 „e“, 1) Wolfgang Amadeus Maus, 2) Kleinste; Musik, 3) Honeybee, 4) stürzt

Tiergeschichten

„Stöbern“ Sie in Ihrem Gedächtnis und notieren Sie, was Ihnen zu dem Thema „Tier“ einfällt:

1) Redewendungen/Sprüche:
Beispiele: Sei kein Frosch! – graue Maus – scheu wie ein Reh – lammfromm …

2) Märchen:
Beispiele: Der Wolf und die sieben jungen Geißlein – Der Froschkönig …

3) Bauernregeln:
Beispiel: Kräht der Hahn auf dem Mist, ändert sich das Wetter oder es bleibt wie es ist!

Die Lösung finden Sie im Anhang auf Seite 129.

50

Tiere sind auch nur Menschen!

Vielfach wird mit einem bestimmten Tier eine spezielle Eigenschaft verbunden: Hunde gelten beispielsweise als treu, Schlangen als falsch. Welche Eigenschaften verbinden Sie mit den folgenden Tieren?

Affe	Elefant ....
Katze	Löwe ....
Kröte	Maus ....
Fuchs	Wiesel ....
Elster	Rind ....
Biene	Taube ....
Bär	Schwan ....
Fliege	Adler ....
Esel	Reh ....
Storch	

Die Lösung finden Sie im Anhang auf Seite 129.

WIE WAR NOCH DER NAME?

Ein gutes Namensgedächtnis brauchen Sie sowohl im Beruf als auch im Privatleben. Trainieren Sie es mit der folgenden Übung!

Prägen Sie sich die unten stehenden Namen 90 Sekunden lang ein.

Friedrich Kupfer	Jennifer Weil	Kurt Bohnert
Andreas Ender	Lisa Schultz	Jens Berger
Luis Commer	Benjamin Helberg	Anna Temme
Linda Gärtner		

Decken Sie nun die Namensliste ab und vervollständigen Sie die Namen aus dem Gedächtnis heraus!

Linda	.... Schultz
.... Berger	Anna ....
Friedrich	.... Ender
Luis	.... Bohnert
Jennifer	Benjamin ....

Kurzzeitgedächtnis-Training

Lernen Sie die folgenden 25 Begriffe und ihre zugehörigen Kategorien innerhalb von drei Minuten auswendig und decken Sie die Wörter anschließend ab.

Blumen: Veilchen, Rose, Tulpe, Enzian, Narzisse

Städte: Unna, Kiel, Aachen, Celle, Leipzig

Nahrungsmittel: Quark, Salat, Obst, Joghurt, Grieß

Schriftsteller: Zola, Flaubert, Hemingway, Mann, Whitman

Hunderassen: Pudel, Yorkshire Terrier, Dogge, Irish Setter, Beagle

Jetzt ist Ihr Gedächtnis gefragt. Zu welcher Kategorie gehört das Wort ...

mit dem Anfangsbuchstaben G? ....

mit dem Anfangsbuchstaben A? ....

mit dem Anfangsbuchstaben R? ....

mit dem Anfangsbuchstaben Z? ....

mit dem Anfangsbuchstaben B? ....

mit dem Anfangsbuchstaben S? ....

Zahlencodes

Sie haben zweieinhalb Minuten Zeit, um vier Codes und jeweils drei zugeordnete Begriffe auswendig zu lernen.

PE947: Gepard, Stift, Ritterrüstung
Z57X9: Murmel, Foto, Weizenkorn
ASQ3F: Bett, Holz, Kinderwagen
K398T: Oboe, T-Shirt, Donut

Decken Sie nun bitte die obigen Ziffern und Wörter ab. Nachfolgend sehen Sie die Anfangsbuchstaben der Wörter – erinnern Sie sich jeweils an die zugehörigen Codes?

B: .... D: ....

F: .... G: ....

H: .... K: ....

M: .... O: ....

R: .... S: ....

T: .... W: ....

ZUGFAHRT

Während Sie auf Ihren Zug warten, studieren Sie den Fahrplan der Bahn. Sie haben aber nur zweieinhalb Minuten Zeit, bis der Zug einfährt!

Ankunftszeit	Abfahrtszeit	Zielort
06:28 Uhr	06:32 Uhr	Hamburg
07:13 Uhr	07:28 Uhr	Essen
08:09 Uhr	08:11 Uhr	Ulm
09:41 Uhr	09:50 Uhr	Rosenheim
10:00 Uhr	10:05 Uhr	Dresden
11:23 Uhr	11:44 Uhr	Saarbrücken
12:08 Uhr	12:21 Uhr	Jena
13:49 Uhr	13:59 Uhr	Bielefeld
14:39 Uhr	14:42 Uhr	Würzburg
15:13 Uhr	15:16 Uhr	Wiesbaden

Beantworten Sie – ohne im Fahrplan nachzuschauen – die folgenden Fragen auf der nächsten Seite:

1) Welchen Zielort haben die Züge mit der Ankunftszeit 14:39 Uhr, 12:08 Uhr, 10:00 Uhr, 09:41 Uhr und 07:13 Uhr?

....

....

....

2) Um wie viel Uhr fahren die Züge nach Hamburg, Rosenheim, Dresden, Bielefeld und Wiesbaden ab?

....

....

....

3) Welche Differenz zwischen Ankunfts- und Abfahrtszeit besteht bei den Zügen mit den Zielorten Essen, Ulm, Saarbrücken, Jena und Würzburg?

....

....

....

Programmierung

Sie haben Ihren neuen Fernseher wie folgt programmiert – prägen Sie sich die Senderbelegung innerhalb von zwei Minuten ein!

1 ARD	2 ZDF	3 WDR	4 arte
5 RTL	6 Pro7	7 Sat1	8 Kabel1
9 VOX	10 3Sat	11 n-tv	12 DSF
13 MTV	14 Ki.Ka	15 SWR	16 NDR

Decken Sie nun die Liste der Senderbelegungen ab und wählen Sie jeweils den richtigen Kanal für ...

den Western auf VOX: ....

die Nachrichten auf n-tv: ....

die Daily Soap auf RTL: ....

den Tatort im NDR: ....

die Komödie auf Pro7: ....

das Live-Konzert auf MTV: ....

den Themenabend auf arte: ....

den Zeichentrickfilm im Ki.Ka: ....

Zeit für eine Party

Sie sind zu einer Party eingeladen. Der Gastgeber stellt Ihnen 15 Personen vor. Können Sie alle Namen behalten?

Leonie Schmieder	Herbert Krause	Julia Schneck
Stefan Baumeister	Jennifer Lorber	Linda Keck
Ludwig Heimershagen	Anna Herbert	Jonas Reeb
Rosemarie Schneider	Pascal Wohlleben	Paul Conners
Manuel Heinzmann	Josef Pauli	Jens Berger

Decken Sie nun die Namensliste ab und füllen Sie – aus dem Gedächtnis heraus – die nachfolgende Liste aus:

Herbert	.... Schneider
.... Schmieder	Jennifer ....
Jens	.... Wohlleben
.... Conners	Anna ....
Julia	.... Heimershagen
.... Reeb	Manuel ....
Josef	.... Baumeister
.... Keck	

Zehnstellige Zahlen

Drei zehnstellige Zahlen – schaffen Sie es, sich diese innerhalb von drei Minuten einzuprägen?

6739892781 **5409378832** **4355166250**

Können Sie die gelernten Zahlen korrekt wiedergeben? Aber bitte ohne oben nachzuschauen!

....

....

....

Wenn nicht, helfen Ihnen beim nächsten Versuch die folgenden Tipps weiter:

- Erstellen Sie aus großen Zahlen Zweier- oder Dreiergruppen, um überschaubare Einheiten zu erhalten.
- Finden Sie bekannte Daten in den Zahlen: Geburtstage, Telefonnummern, Hausnummern usw. – solche Verknüpfungen helfen beim Merken.
- Bilden Sie als Merkhilfe die Quersumme aus einer Zahl, d.h. addieren Sie die Werte aller Ziffern.

Geschichtsträchtiges

Lesen Sie die folgenden Aussagen einmal gründlich durch!

- Die noch heute gültige Verfassung der Bundesrepublik Deutschland trat am 23. Mai 1949 in Kraft.
- Napoleon Bonaparte wurde am 15. August 1769 auf Korsika geboren.
- Der Koreakrieg dauerte vom 25. Juni 1950 bis zum 27. Juli 1953.
- Den „Hundertjährigen Krieg“ gab es von 1337 bis 1453.

Decken Sie nun die Aussagen ab und beantworten Sie die folgenden Fragen:

1) An welchem Tag trat die Verfassung der Bundesrepublik in Kraft? ....

2) Wie viele Jahre, bevor die Verfassung in Kraft getreten ist, wurde Napoleon geboren? ....

3) Wie viele Jahre liegen zwischen Koreakrieg und „Hundertjährigem Krieg“? ....

4) Wie lange dauerte der „Hundertjährige Krieg“? ....

Synonyme

Sie haben zweieinhalb Minuten Zeit, um sich folgende vier Begriffe mit jeweils vier Synonymen einzuprägen!

gehen: schreiten, laufen, wandeln, marschieren
sprechen: quasseln, plaudern, reden, tratschen
essen: speisen, futtern, mampfen, schlemmen
arbeiten: schaffen, ackern, malochen, wirken

Ihre Aufgabe:
Sortieren Sie sämtliche 25 Begriffe in alphabetischer Reihenfolge – ohne oben nachzuschauen! Die vorgegebenen Anfangsbuchstaben dienen als Gedächtnisstütze!

a..	a..
e..	f..
g..	l..
m..	m..
m..	p..
q..	r..
s..	s..
s..	s..
s..	t..
w..	w..

„TABELLENKALKULATION“

Sie haben zwei Minuten Zeit, um die zwölf Zahlen in der Tabelle auswendig zu lernen!

91	4	15	28
23	44	98	11
2	18	53	67

Nun ist neben Ihrem Gedächtnis Ihr Rechentalent gefragt: Decken Sie die Zahlentabelle ab und überlegen Sie, welche zwei Zahlen Sie jeweils addieren müssen, um die folgenden Zahlen zu erhalten?

.... = 29

.... = 158

.... = 113

.... = 25

.... = 13

.... = 119

.... = 189

Lösung:
11 + 18 = 29; 91 + 67 = 158; 15 + 98 = 113;
23 + 2 = 25; 11 + 2 = 13; 91 + 28 = 119; 91 + 98 = 189.

Sehenswürdigkeiten

Prägen Sie sich die 13 Sehenswürdigkeiten genau ein – nehmen Sie sich hierfür fünf Minuten Zeit.

Decken Sie nun die Abbildungen ab und füllen Sie – aus dem Gedächtnis heraus – die nebenstehende Tabelle aus!

Land	Stadt	Sehenswürdigkeit
	London	
Italien		
		Rialtobrücke
Australien		
	Brüssel	
	Pisa	
Vereinigte Arabische Emirate		
	Agra	
Deutschland		

Die Lösung finden Sie im Anhang auf Seite 130.

Geistige Bilder

… und das Gehirn „läuft“ los!

Das kennen Sie bestimmt! Sie hören irgendeinen Begriff und im Geiste verbinden Sie hiermit ganz viele Bilder. Was fällt Ihnen z.B. zum Thema „Schule“ ein? Lehrer, Kinder, Pausenhof, Bioraum, Turnhalle, Theater-AG oder vielleicht ein ganz besonders lustiger Streich, den Sie einmal Ihrem Lehrer gespielt haben?

Was fällt Ihnen zu folgenden Begriffen ein?

1) Urlaub ....

....

....

2) Grillabend ....

....

....

3) Haustier ....

....

....

Hier ist Ihr zeichnerisches Talent gefragt!

Verknüpfen Sie jeweils vier Begriffe zu einem fantasievollen Bild. Wetten, dass Sie sich auch in der nächsten Woche noch an diese Begriffe und das dazugehörige Bild erinnern können?

Beispiel: Katze – Mond – Kuchen – Auto
Die Katze hat sich einen Kuchen stibitzt, sitzt auf einem Autodach und miaut den Mond an.

1) Gewitter – Sterne – Baum – Handtuch

2) Kerzen – Nougatherz – Abendrot – Grill

Neu im Viertel?

Mit dem folgenden Lageplan prägen Sie sich innerhalb von 90 Sekunden wichtige Orte ein.

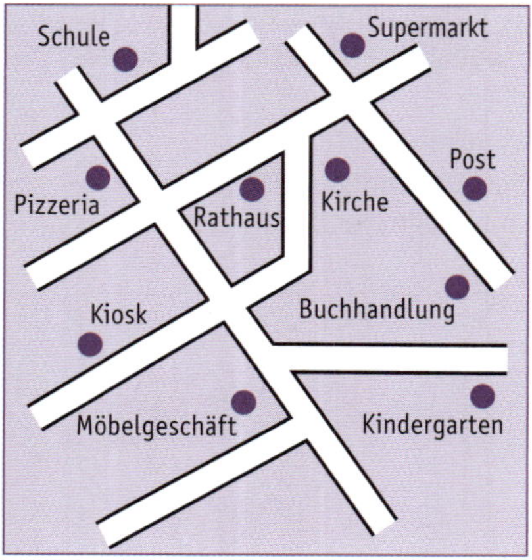

Decken Sie nun den Lageplan ab. Erinnern Sie sich noch? Wo befinden sich . . . ?

- die Kirche
- der Kiosk
- der Supermarkt
- der Kindergarten
- das Möbelgeschäft

ORIENTIERUNGSHILFE

Lesen Sie sich die folgende Wegbeschreibung durch – jedoch ohne dabei den Stadtplan weiter unten zu beachten!

Sie befinden sich in einer fremden Stadt und fragen nach dem Bahnhof. Eine junge Frau beschreibt Ihnen den Weg: „Fahren Sie geradeaus, bis Sie das Ende der Straße erreichen. Biegen Sie links ab und folgen Sie dem Straßenverlauf. Die zweite Straße fahren Sie links, anschließend geht es nach rechts. Biegen Sie als Nächstes wieder rechts ab und dann noch mal rechts. Direkt an der Einmündung ist der Bahnhof."

Jetzt sind Sie an der Reihe: Ihr Standort ist als Punkt markiert – wo ist der Bahnhof zu finden?

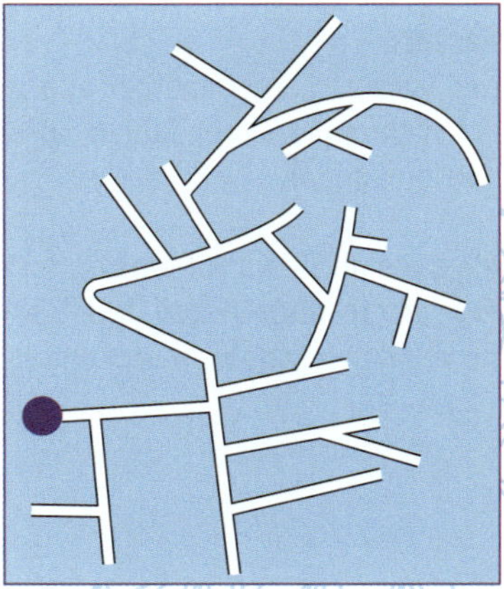

In der Hundepension

Sie betreiben eine Hundepension und nehmen drei Tiere in Pflege, wobei Ihnen die Besitzer Folgendes mitteilen:

Rocky:
drei Jahre alt; keine Knochen füttern; liebt Katzen; dreimal täglich hinter den Ohren kraulen

Trixy:
fünf Jahre alt; macht Dogdancing; soll ihr Fressen morgens um Punkt acht Uhr erhalten; braucht viel Auslauf

Master:
vier Jahre alt; regelmäßige Fellpflege erwünscht; verträgt sich nicht mit anderen Rüden; spielt am liebsten mit einem Moosgummiball

Wie gut sind Sie im Führen der Hundepension? Erinnern Sie sich noch an die mitgeteilten Details? – Natürlich decken Sie vorher die von den Hundebesitzern angegebenen Daten ab!

Rocky:

Trixy:

Master:

67

AUSGETRICKST!

Trainieren Sie Ihre Fähigkeit, Bilder und Wörter gleichzeitig zu verarbeiten. Schauen Sie sich die neun Bilder und Begriffe im oberen Kasten jeweils 30 Sekunden lang an, decken Sie diese dann ab und finden Sie heraus, was sich im unteren Kasten verändert hat.

1)

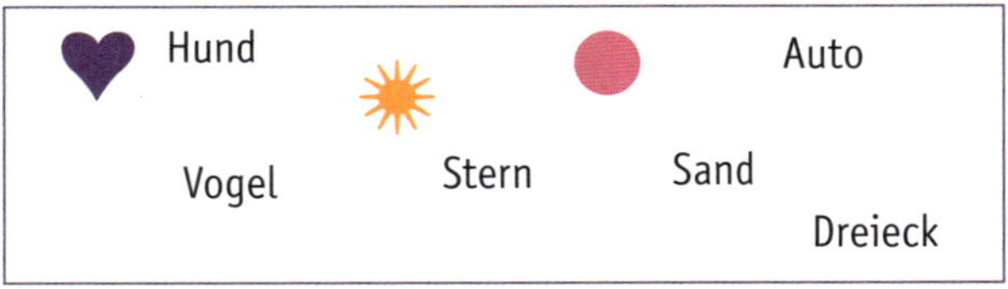

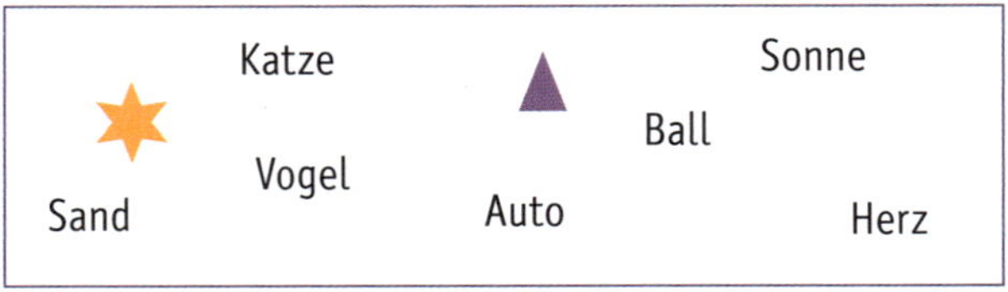

2)

Mond

Sofa
Brücke
Pfeil
Würfel

Kind
Gitarre

Brücke
Blitz
Sofa
Kind

Haus
Geige

3)

Stift

Schmetterling

Blume
Teddybär

Schokolade
Obst

Obst
Puzzleteil
Kreuz
Teddybär
Blume

Stift

Smiley

Lösung:
1) Hund – Katze, 2) Gitarre – Geige, 3) Schokolade – Wolke

In der Umkleidekabine …

… des Schwimmbades hören Sie folgende Unterhaltung:

„Marita, die Bademeisterin, war ja mal wieder zickig! Wieso eigentlich?“ „Na ja, bei dem Mann: Tim ist mit seinen 56 Jahren schließlich 20 Jahre älter als Marita und als Reporter fast nie zu Hause, sodass Marita meistens alleine mit den Zwillingen ist.“ „Wie alt sind die beiden denn?“ „Drei Jahre – genauso alt wie die Zwillinge von Bettina – nur dass Bettinas 40-jähriger Lebensgefährte Robert als Lehrer wenigstens nachmittags auf die Kleinen aufpassen kann. So kann Bettina auch halbtags wieder als Hebamme arbeiten.“ „Aber sag’ mal, Christa, du bist doch – wie Bettina – 28 Jahre alt, oder? Dein Sohn geht mit seinen acht Jahren ja schon in die Schule. Kannst du nicht auch wieder als Physiotherapeutin arbeiten? Dein Mann ist doch als PC-Spiele-Entwickler sowieso die ganze Zeit zu Hause.“ „Du hast aber vergessen, dass ich noch eine zweijährige Tochter habe! Und einen Krippenplatz habe ich nicht bekommen. Und obwohl Gregor zu Hause sein Büro hat, muss er doch die ganze Zeit über hochkonzentriert arbeiten.“

Haben Sie aufgepasst? Dann decken Sie nun den Text ab und füllen Sie die nachfolgende Tabelle aus. Finden Sie heraus, welche Angabe fehlt?

Name	Marita	Christa	Bettina
Name des Mannes			
Kinder-anzahl			
Alter der Kinder			
Beruf der Frau			
Beruf des Mannes			
Alter der Frau			
Alter des Mannes			

Die Lösung finden Sie auf Seite 131.

Langzeitgedächtnis

Stellen Sie Ihr Langzeitgedächtnis auf die Probe und beantworten Sie die nachfolgenden Fragen:

1) Der Spruch eines Jedi-Ritters aus dem Film „Star Wars“ lautet:
Möge die .... mit dir sein!

2) Welcher Künstler wird als „King of Pop“ bezeichnet?

....

3) Welche umtriebige Hobby-Detektivin löst bei Agatha Christie so manchen kniffligen Kriminalfall?

....

4) Eine kleine Nachtmusik ist von

....

5) Welcher Maler ist für seine farbenfrohen Seerosen-Bilder bekannt? ....

6) Ein Roman von Alexandre Dumas lautet „Die drei ....“.

Lösung:
1) Macht, 2) Michael Jackson, 3) Miss Marple, 4) Mozart, 5) Monet, 6) Musketiere

Das visuelle Gedächtnis

Bilder prägen sich einfacher dem Gedächtnis ein als bloße Worte! Verknüpfen Sie die folgenden fünf Gegenstände, die Sie im Baumarkt einkaufen wollen, im Geist zu einem fantasievollen Bild.

- Eimer
- Gartenschere
- Planschbecken
- Autoreifen
- Hammer

Haben Sie Lust, Ihr geistiges Bild hier aufzuzeichnen? Viel Spaß dabei!

71

Mind Map

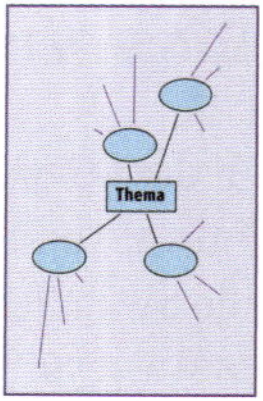

Auf der Suche nach kreativen Ideen? Dann verwenden Sie so genannte Mind Maps, um Ihre Gedanken zu einem Thema zu notieren. Schreiben Sie hierzu das Thema in die Mitte eines Papierblattes und ziehen von dort aus Äste und Unteräste, die Sie mit Schlüsselbegriffen versehen. Erstellen Sie doch mal eine Mind Map zum Thema „Sparen“.

Sparen

Ein Beispiel, wie eine Mind Map zum Thema Sparen aussehen könnte, finden Sie im Anhang auf Seite 132.

Herbarium

Prägen Sie sich die folgenden Blattarten vier Minuten lang ein.

Spitzahorn | Eibe | Pappel | Gemeine Esche | Eiche

Eberesche | Schwarzerle | Ginkgo | Stieleiche | Birke

Decken Sie die Blätter nun ab und ordnen Sie die Ausschnitte den einzelnen Bäumen zu.

SILVESTERBRÄUCHE

Jedes Land hat seine eigenen Bräuche, das neue Jahr zu begrüßen. Prägen Sie sich diese fünf Minuten lang ein.

Spanien:	mit den 12 mitternächtlichen Glockenschlägen werden 12 Trauben verzehrt
Schottland:	„First-footing“: als Erster die Türschwelle eines Freundes/Nachbarn überschreiten
Wien:	„Pummerin“ im Stephansdom läutet das neue Jahr ein; es wird Walzer getanzt
China:	Unverheiratete werfen Mandarinen ins Meer
Griechenland:	Münzen in „Basiliusbrot“ einbacken
Japan:	„Mochi“ – klebrige Reisklößchen verspeisen
Italien:	rote Unterwäsche tragen
Brasilien:	kleine Schiffchen – beladen mit Süßigkeiten, Kerzen etc. – ins Meer setzen

Decken Sie nun die Silvesterbräuche ab und schauen Sie sich die Stichwörter an. In welchem Land befinden Sie sich?

Mandarinen – Schiffchen – Basiliusbrot – Pummerin – Trauben – Türschwelle – Mochi – rote Unterwäsche

Florenz – ich komme!

Überraschend erhalten Sie die Nachricht, dass Sie am kommenden Wochenende aus beruflichen Gründen nach Florenz fliegen sollen. Ihnen bleiben zwei Tage, um alles Notwendige zu organisieren. Damit Sie nichts vergessen, erstellen Sie eine **„To-do-Liste“**:

- Handgepäck-Koffer kaufen
- Reiseführer über Florenz im Keller suchen
- Laptop-Tasche von Tine ausleihen
- Flugtickets und Hotel online buchen
- Schwester wegen Kinderbetreuung fragen
- Reiseapotheke überprüfen
- Daten auf USB-Stick speichern
- Powerpoint-Präsentation erstellen
- Lesebrille reparieren lassen
- Hund Tassy in der Hundepension anmelden
- Akku von der Digitalkamera aufladen
- Italienische Sprachkenntnisse auffrischen

Ganz schön viel zu tun – und nur zwei Tage Zeit!

Können Sie sich auch ohne die Liste zu konsultieren an alles erinnern?

Geflügelte Worte

Prägen Sie sich folgende Aussprüche vier Minuten lang ein und decken Sie diese dann ab.

Man sieht nur mit dem Herzen gut.

Antoine de Saint-Exupéry

Und bist du nicht willig, so brauch' ich Gewalt.

Johann Wolfgang von Goethe

Ein Buch, das man liebt, darf man nicht leihen, sondern muss es besitzen.

Friedrich Nietzsche

Es kann der Frömmste nicht in Frieden leben, wenn es dem bösen Nachbarn nicht gefällt.

Friedrich Schiller

Alle Revolutionen kommen aus dem Magen.

Napoleon I. Bonaparte

Mit Ihnen teilt meine Ente das Wasser nicht.

Loriot

Sein oder nicht sein, das ist hier die Frage.

Shakespeare

Mit 17 hat man noch Träume.

Udo Jürgens

Gedanken sind nicht stets parat, man schreibt auch, wenn man keine hat.

Wilhelm Busch

Ich kam, sah und siegte.

Julius Caesar

Selig sind die Vergesslichen, denn sie werden auch mit ihren Dummheiten fertig.

Friedrich Nietzsche

Ich bin ein Berliner.

J. F. Kennedy

Erinnern Sie sich? Wer sprach noch von ...

1) Enten ....

2) Berlinern ....

3) Gedanken ....

4) Magen ....

5) Herzen ....

6) Dummheiten ....

7) Siegen ....

8) Träumen ....

9) Büchern ....

10) Nachbarn ....

11) Gewalt ....

12) Fragen ....

UNVERGESSLICH ...

Viele Werbesprüche sind uns regelrecht ins Gedächtnis „eingebrannt“ worden, sodass wir diese nie wieder vergessen werden. Können Sie die fehlenden Begriffe ergänzen?

1) Mit dem .... sieht man besser: ZDF.

2) Nichts geht über Bärenmarke, Bärenmarke zum ....

3) Aus dieser Quelle trinkt die .... : Apollinaris.

4) Willst du viel, spül mit ....

5) Nichts ist .... : Toyota.

6) Wir geben Ihrer .... ein Zuhause: LBS.

7) Gesunde Vitamine .... : Nimm 2.

8) Mit .... macht das Kochen Spaß.

9) Es gibt viel zu tun. Packen wir's an: ....

10) Und läuft. Und läuft. Und läuft: ....

11) Die wahrscheinlich längste .... der Welt: Duplo.

12) .... putzt so sauber, dass man sich drin spiegeln kann.

Die Lösung finden Sie im Anhang auf Seite 132.

Die verflixte PIN-Nummer

Können auch Sie sich die zahllosen PIN-Nummern inzwischen nicht mehr merken: Handy, Geldautomat, Online-Banking ...? Hier ein Geheimtipp: Ordnen Sie den Zahlen eine bestimmte Bedeutung zu und erfinden Sie dann mit diesen Begriffen eine Geschichte.

0 Susi war keine Niete in der Schule / **1** Abi-Note Französisch / **2** Durchschnittliche Abi-Note / **3** Freundinnen in der Oberstufe / **4** Klavier / **5** Strümpf' / **6** Hex' / **7** Verlieben / **8** Aufgewacht / **9** Jahre alt war Susis VW

PIN-Nummer: 80479365

Ich bin am Morgen aufgewacht (8) und habe an Susi (0) gedacht. Obwohl ihr Klavierspiel (4) zum Verlieben (7) war, ihr altes Auto (9) einen gewissen Charme hatte, und wir Freundinnen (3) viel Spaß hatten, konnte sie auch eine richtige Hexe (6) sein. Ihr Markenzeichen waren die rot geringelten Strümpfe (5).

Und nun sind Sie an der Reihe! Ordnen Sie den Zahlen von 0 bis 9 eine für Sie stimmige Bedeutung zu und erfinden Sie dann zu der folgenden PIN-Nummer eine Geschichte: **30718452**

Übrigens: Je verrückter die Geschichte, umso besser!

Gazpacho

Prägen Sie sich folgende spanischen Vokabeln gut ein – Sie haben hierfür fünf Minuten Zeit!

el pimiento	die Paprika
maduro, madura	reif
carnoso, carnosa	fleischig
verde	grün
rojo, roja	rot
el pepino	die Gurke
el corazón	das Herz
la cebolla	die Zwiebel
grande	groß
diente de ajo	die Knoblauchzehe
la rebanada de pan	die Brotscheibe
el día	der Tag
antérior	vorhergehend
la sal	das Salz
aceite de oliva	Olivenöl
el vinagre	der Essig
el ingrediente	die Zutat
la persona	die Person

Decken Sie nun die Vokabeln ab und übersetzen Sie die Zutaten für eine Gazpacho – eine spanische Gemüsesuppe, die kalt serviert wird:

GAZPACHO – Ingredientes para 4 personas

6 tomates maduros grandes y carnosos
2 pimientos verdes
1 pimiento rojo
1 pepino
1 corazón de cebolla grande
1 diente de ajo
2 rebanadas de pan del día anterior
sal, aceite de oliva, vinagre

¡que aproveche! – Guten Appetit!

Hochzeitsbräuche

Brautstrauß werfen – Brautjungfern – Junggesellenparty – Polterabend – Hochzeitstorte gemeinsam anschneiden – Entführung der Braut – Braut über die Schwelle tragen – Bräutigam darf Hochzeitskleid nicht vor der Trauung sehen – weißes Hochzeitskleid – England: „something old, something new, something borrowed, something blue“ sollte die Braut tragen – Baumstamm gemeinsam zersägen – Blumenkinder streuen Blütenblätter – Trauringe tauschen – Brautschleier – weiße Hochzeitstauben – rote Luftballons – Schleiertanz um Mitternacht – Brautschuhe mit Centstücken bezahlen – Reis werfen – Geldstück im Brautschuh, damit der Ehe nicht das Geld ausgeht – Blechdosen ans Auto hängen – Hochzeitskutsche – England: Strumpfband werfen – Hochzeitswalzer – Autokarawane mit lautem Hupkonzert – Regenwetter als Glücksbote – Betttuch mit aufgemaltem rotem Herz ausschneiden und hindurchsteigen – Schild mit „Just married“ an das Auto hängen – Aufgabe des Bräutigams: Brautstrauß besorgen – gemeinsam aus dem Brautbecher trinken – Hochzeitszeitung – „Dekoration“ des Hochzeitsnachtzimmers – Versteigerung – Autos mit weißen Bändern schmücken

Beantworten Sie nun – aus dem Gedächtnis heraus – folgende Fragen:

1) Einem aus England stammenden Brauch zufolge sollte die Braut

....

2) Welche Rolle spielen Autos bei einer Hochzeit?

....

3) Regenwetter ist ein

....

4) Welche Bräuche stehen im Zusammenhang mit Blumen?

....

5) Ein Geldstück im Brautschuh soll bewirken, dass

....

6) Welches Motiv ziert das Betttuch?

Ein ....

An wie viele Bräuche zum Thema Hochzeit können Sie sich insgesamt noch erinnern?

Die Lösung finden Sie auf Seite 133.

Zahlenvergleich

Sie haben zwei Minuten lang Zeit, um sich diese Tabelle einzuprägen.

57	28	47	22	19
77	62	98	43	11
58	29	41	76	93
12	65	87	71	17
36	23	16	64	53

Decken Sie nun die oben stehende Tabelle ab!

Haben Sie sich sämtliche Zahlen und deren Position genau eingeprägt? Dann finden Sie sicherlich heraus, welche Zahlen ausgetauscht wurden:

41	28	47	22	23
77	62	98	43	11
93	29	57	76	58
12	65	87	71	17
36	19	16	64	53

Loci-Methode

Merken Sie sich die zehn Begriffe in der richtigen Reihenfolge, und zwar auf folgende Weise:

Gehen Sie in Gedanken eine Ihnen vertraute Strecke entlang, z. B. den Weg zu Ihrem Arbeitsplatz. Einzelne Stationen auf diesem Weg (Kreuzung, Park usw.) verbinden Sie jeweils mit einem Begriff. Los geht's – Sie haben 90 Sekunden Zeit!

- Tulpe
- Rosmarin
- Reis
- Kleiderschrank
- Telefon
- Eisenbahn
- Regenjacke
- Sommer
- Magen
- Straße

Die Methode, Begriffe mit einzelnen Örtlichkeiten zu verknüpfen, wird als Loci-Methode bezeichnet. Sie wurde schon in der Antike verwendet, z. B. vom römischen Philosophen Cicero: Wenn er eine Rede auswendig lernte, schritt er dabei in Gedanken die Umgebung des römischen Forums ab. Mit der Loci-Methode können Sie sich nicht nur Begriffe, sondern auch deren Reihenfolge besser merken.

Visuelle Gedächtnishilfen

Jede Ziffer entspricht einem Bild. Merken Sie sich die Zahlen 54931 und 68702, indem Sie die entsprechenden Bilder miteinander in einen fantasievollen Zusammenhang bringen.

1 = Einhorn	2 = Fahrrad	3 = Dreizack	4 = Kleeblatt
5 = Hand	6 = Würfel	7 = Zwerg	8 = Achterbahn
9 = Kegel	0 = Ei		

Bilder helfen Ihnen dabei, die Zahlen besser und dauerhafter im Gedächtnis zu behalten.

Wie sehen Ihre geistigen Bilder für die Zahlen 54931 und 68702 aus? Haben Sie Lust, die Bilder aufzuzeichnen? Dann nichts wie los ...

KREATIVITÄTSÜBUNG

Bilden Sie aus den folgenden Buchstabenreihen Sätze, wobei jeder Buchstabe den Anfangsbuchstaben eines Worts darstellen soll, z. B. L M S – Lernen macht Spaß!

J E W M B E

....

U A L W W S

....

G R T E I G

....

U Z M N N R

....

A X D Z O W

....

Es gibt unzählige Möglichkeiten, Sätze aus den Buchstabenreihen zu bilden:
J E W M B E – Jens erzählt Walter, Margit bekomme Enkel;
U A L W W S – Unser altes Landhaus will Walter sehen; usw.

Sind Sie ein Nummern-Profi?

Sie haben drei Minuten Zeit, um die folgenden fünf Telefonnummern auswendig zu lernen:

42963 65164 55300 21829 47298

Decken Sie nun die Telefonnummern ab! Schaffen Sie es, die Nummern aus dem Gedächtnis heraus zu notieren?

....

....

....

Um sich Telefonnummern besser einprägen zu können, suchen Sie am besten nach Besonderheiten in der jeweiligen Nummer, also Rechenaufgaben oder besonderen Zahlen, die sich oft darin verstecken. So könnte man sich beispielsweise die erste Zahl 42963 merken:

Marathon 9 – 6 = 3
(die Marathonstrecke beträgt rund 42 km)

Auch für die zweite Zahl 65164 gibt es eine hilfreiche Gedächtnisstütze: 65 – 1 = 64

Wären Sie eine gute Kellnerin?

Sie helfen im Restaurant beim Kellnern aus und müssen sich innerhalb von zwei Minuten die folgenden Bestellungen merken:

Tisch 1:
Eisbein mit Sauerkraut
Jägerschnitzel mit Pommes
Pizza Napoli
Alkoholfreies Bier
Zwei Mineralwasser

Tisch 2:
Gemüseauflauf
Chefsalat
Spaghetti Bolognese
Zwei Pils
Cola

Tisch 3:
Kinderteller
Fischfilet mit Kartoffeln
Käsespätzle
Limonade
Zwei Apfelsaftschorlen

Decken Sie die Listen ab und ordnen Sie die Bestellungen den richtigen Tischen zu!

Tisch 1: ....

Tisch 2: ....

Tisch 3: ....

ZUKUNFTSSZENARIEN

Sie haben fünf Minuten Zeit, sich die folgenden „Meilensteine der Menschheitsgeschichte“ einzuprägen:

15. Juni 2032:	Erdbevölkerung: 8 Milliarden
29. Juni 2048:	Meeresspiegel um 1,2 m gestiegen; zahlreiche Inseln und Küstenregionen versinken im Wasser.
1. Februar 2052:	Die erste Marssiedlung wird feierlich eröffnet.
23. März 2055:	Planetenweiter Umweltkollaps: Privatfahrten mit Autos werden verboten.
24. November 2100:	Allen Menschen wird ein Biochip implantiert.
1. April 2102:	Künstliche Intelligenzen dürfen per Gerichtsbeschluss für sich selber Entscheidungen fällen.
1. Januar 2125:	Inbetriebnahme einer Solarstromanlage, die die Hälfte der Sahara bedeckt.
28. August 2203:	Der erste Mensch verlässt das Sonnensystem.

Decken Sie nun die Daten ab und beantworten Sie die nachfolgenden Fragen.

1) In welchem Jahr wird allen Menschen ein Biochip implantiert? ....

2) Im Jahre 2032 überschreitet die Anzahl der Menschen erstmals die .... Milliarden-Grenze.

3) 2102 besagt ein Gerichtsbeschluss, dass

....

4) Im Jahre .... steigt der Meeresspiegel um .... Meter an.

5) Die Solarstromanlage in der Sahara wird .... in Betrieb genommen.

6) Die erste Kolonie auf dem .... wird am .... eröffnet.

7) Was wird im Jahre 2055 verboten?

....

8) Was geschieht am 28. August 2203?

....

Werden Sie Schriftsteller!

Schauen Sie sich die folgenden Begriffe an und überlegen Sie kurz, wie man daraus eine kleine Geschichte schreiben könnte. Lassen Sie Ihrer Fantasie einfach freien Lauf, und Sie werden sehen, dass Ihnen die einzelnen Wörter auch in einigen Tagen noch im Gedächtnis verblieben sind!

Reporter – Hund – Blitz – Pfeife – Klavier – Regenbogen – Katze – Zahnbürste – Strand – Butterbrot – Angel – Vitamine

Kinderfrage

Kinder fragen bekanntlich viel und gerne. Versuchen Sie, die nachfolgenden Begriffe so einfach wie möglich einem Kind, das noch nichts von der Welt weiß, zu erklären.

Briefkasten Thymianhonig Squash Ampel Ferien

Wenn Sie denken, dass Ihre Erklärung ausgereicht hat, so stellen Sie sich vor, dass das Kind nicht alle Wörter und Begriffe Ihrer Erklärung verstanden hat. Versuchen Sie, auch diese Begriffe so zu erklären, dass ein Kind sie versteht.

Oder Sie antworten auf die Kinderfrage: „Warum?"

Zur Verdeutlichung der Vorgehensweise nachfolgend ein **Beispiel**:

„Mama, warum ist es nachts dunkel?"
„Pauline, das ist so, weil die Sonne untergegangen ist und man sie nicht mehr sehen kann."
„Aber warum?"
„Weil nachts die Sonne auf der anderen Seite der Erde ist."
„Warum können wir sie denn dann nicht mehr sehen?"
„Weil die Erde eine Kugel ist, und man nicht von der einen Seite der Erde zur anderen sehen kann."
„Was ist eine Kugel?"
„Der Fußball ist zum Beispiel eine Kugel."

Hund mit Brille auf dem Baum?

Verknüpfen Sie jeweils drei der folgenden 15 Begriffe zu einem geistigen Bild. Schaffen Sie dies innerhalb von zweieinhalb Minuten?

Motorrad Hund Brille Lampe

Sofa Hexe Gemälde

Ofen Sonne Zaun Kuchen

Baum Leiter Tasse Ring

Decken Sie die Begriffe ab und schreiben Sie die Wörter nachfolgend auf! Wie viele Begriffe konnten Sie sich merken?

....

....

....

....

....

Die bildlichen Verknüpfungen helfen Ihrem Gedächtnis auf die Sprünge. Ihrer Fantasie sind hierbei keinerlei Grenzen gesetzt!

Welche Wörter haben Sie zu einem geistigen Bild verknüpft? Hier haben Sie ausreichend Platz, um dieses Bild (oder diese Bilder) Gestalt annehmen zu lassen!

Viel Spaß beim Zeichnen!

Wortschatz

Nennen Sie innerhalb einer Minute so viele Wörter wie möglich, die mit „Ke …“ beginnen.
Dabei ist die Groß- oder Kleinschreibung unwichtig.

Sie können die Aufgabe auch erweitern:
Kürzen Sie die Zeit oder nehmen Sie eine andere Buchstabenkombination, wie z. B. „Ka …“ oder „Bu …“

Lösung:
Zehn Beispiele für Wörter mit “Ke...”:
keck, Kefir, Kegel, Kehre, keifen, Keil, Keller, kentern, Kern, Kerze

Wort-Kreationen

Erfinden Sie Wörter und geben Sie für diese Wörter möglichst witzige, aber nicht zu unsinnige Erklärungen.

Das nachfolgende Beispiel zeigt, wie eine witzige Erklärung für das frei erfundene Wort „Eustromata" aussehen könnte:

Eine „Eustromata" ist eine Maschine, die Zwiebeln schält, ohne dabei zu weinen.

Versuchen Sie es doch auch einmal und lassen Sie Ihre Fantasie spielen!

Was ist ein:

- Plumentar?
- Maradam?
- Puntiac?
- Klastur?
- Akabaka?

Und nun erfinden Sie doch selber unsinnige, aber witzige Wörter – und denken Sie sich lustige Erklärungen für die Begriffe aus!

Berühmte Werke grosser Komponisten

Prägen Sie sich die Komponisten und einige ihrer Werke fünf Minuten lang ein.

Ludwig van Beethoven: Mondscheinsonate, 5. Sinfonie (Schicksalssinfonie), Adelaide

Georg Friedrich Händel: Wasser-, Feuerwerksmusik

Wolfgang Amadeus Mozart: Eine kleine Nachtmusik, Die Zauberflöte, Die Entführung aus dem Serail

Peter Iljitsch Tschaikowsky: Der Nussknacker, Schwanensee

Antonio Vivaldi: Die vier Jahreszeiten

Friedrich Smetana: Die Moldau

Felix Mendelssohn Bartholdy: Ein Sommernachtstraum, Sinfonie Nr 4 (Italienische), Die Hochzeit des Camacho

Johann Sebastian Bach: Brandenburgische Konzerte, Wohltemperiertes Klavier, Matthäus-Passion

Edvard Grieg: Morgenstimmung, Solvejgs Wiegenlied

Decken Sie nun den Text ab und beantworten Sie folgende Fragen:

1) Wer hat „Ein Sommernachtstraum“ komponiert?

....

2) Welche Werke von Beethoven werden genannt?

....

3) Welcher Komponist beschäftigte sich mit Wasser und Feuerwerk? ....

4) Wer machte sich Sorgen um die „Temperatur“ seines Klaviers? ....

5) Welcher Komponist hat sich mit einem Fluss beschäftigt?

....

6) Mit welcher Tageszeit beschäftigte sich Grieg?

....

7) Welche Werke Mozarts werden genannt?

....

8) Schwanensee stammt von ....

9) Das Werk von Vivaldi lautet: ....

Wegbeschreibung

Sehen Sie sich den Stadtplan eine Minute an und prägen Sie sich so viele Einzelheiten wie möglich ein! Sie müssen dann einige Fragen beantworten.

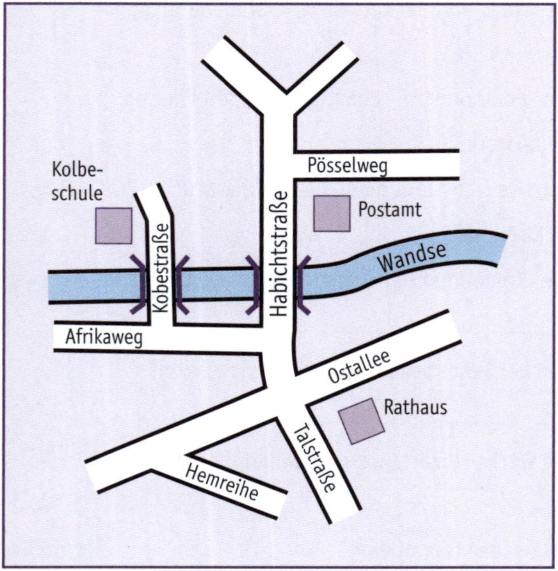

Decken Sie nun den Stadtplan ab und beantworten Sie folgende vier Fragen:

1) Wie kommt man von der Kolbeschule zum Rathaus?

....

....

....

2) In welche Straßen kann man von der Ostallee einbiegen?

....

....

3) Wie viele Straßenbrücken gibt es über der Wandse?

....

4) Beschreiben Sie, wie man von der Hemreihe zum Pösselweg kommt!

....

....

....

Schon Goethe wusste ...

„Man sollte alle Tage wenigstens ein kleines Lied hören, ein gutes Gedicht lesen, ein treffliches Gemälde sehen, und wenn es möglich zu machen wäre, einige vernünftige Worte sprechen."

Lernen Sie den folgenden Vers aus dem Buch „Die Häschenschule" von Fritz Koch-Gotha auswendig. Nehmen Sie sich hierfür fünf Minuten Zeit.

Hasenmax, der Bösewicht,
konnte heut sein Verschen nicht,
hat gepfiffen und geschwätzt,
Hasenlieschens Rock zerfetzt,
eine neue Bank zerkracht
und dabei noch laut gelacht.
In die Eck muß er nun.
Ei, da kann er Buße tun!

Binomische Formeln

Mathematik – Algebra! Diese Worte konnten einem in der Schulzeit auch schon einmal Albträume verursachen. Dabei gibt es einen Trick, selbst komplizierte Formeln für immer in seinem Gedächtnis zu verankern: Ersetzen Sie jedes Element einer Gleichung durch ein Bild und denken Sie sich hierzu eine Geschichte aus. Nachfolgend ein Beispiel, dass Sie die 3. Binomische Formel nie wieder vergessen lässt:

$(a + b) \cdot (a - b) = a^2 - b^2$

Anton (a) und (+) Bertha (b) klammern () sich aneinander, denn sie haben sich im Dschungel verlaufen. Mit einem Mal (·) ist Bertha verschwunden, sodass Anton (a) nun ohne (-) Bertha (b) weiterlaufen muss und niemanden mehr zum Umklammern () hat. Plötzlich erscheint eine grüne Waldfee und sagt: „Gleich (=) helfe ich dir." Sie schüttelt ihre Haare und schon eilt seine Liebste hinter einem Baumstamm hervor. Anton (a), der nun doppelt (^{2}) glücklich ist, will nie wieder ohne (-) Bertha (b), die auch doppelt froh ist (^{2}), sein.

Und nun sind Sie dran: Prägen Sie sich die 1. und 2. Binomische Formel mithilfe Ihrer Fantasie ein!

1. Binomische Formel: $(a + b)^2 = a^2 + 2 \cdot a \cdot b + b^2$
2. Binomische Formel: $(a - b)^2 = a^2 - 2 \cdot a \cdot b + b^2$

Einkaufsliste

Sie wollen Ihren Wochenendeinkauf tätigen, haben aber wie immer Schwierigkeiten, sich alles zu merken. Versuchen Sie doch mal, sich ein Bild auszudenken, in dem alles vorhanden ist, was Sie einkaufen wollen!

Nachfolgend ein Beispiel, um zu verdeutlichen, wie Sie vorgehen sollten:

Ihre Einkaufsliste sieht folgendermaßen aus:

- Milch
- Erdbeeren
- Zucker
- Bohnen

Nun könnten Sie sich beispielsweise folgendes Bild vorstellen:

Auf einem Milchsee schwimmen Erdbeeren mit Zuckerhauben. Am Ufer des Sees steht eine Bohnenstange.

Bilder, die Sie sich vor Ihrem geistigen Auge ausgemalt haben, bleiben wesentlich länger im Gedächtnis haften als eine Liste von Wörtern. So können Sie Ihrem Gedächtnis ganz schön auf die Sprünge helfen.

Versuchen Sie es doch einmal selbst! Auf Ihrer Einkaufsliste stehen folgende Produkte:

- Öl
- Joghurt
- Salami
- Käse
- Backpapier

Und – wie sieht Ihr geistiges Bild der Einkaufsliste aus? Sie können es auch zeichnen:

Die Sprache der Blumen

Die Redensart „etwas durch die Blume sagen“ bedeutet, dass jemand einen bestimmten Sachverhalt nur andeutungsweise bzw. indirekt ansprechen möchte. Auch das Verschenken eines Blumenstraußes ist eine „Geheimsprache“ für sich:

- Flieder, Maiglöckchen, Heckenrose, Lavendel ≈ Zärtlichkeit, Vertrautheit, beginnende Liebe
- Anemone ≈ Wahrheit, Vergänglichkeit
- Freesie, Gänseblümchen ≈ kindliche Unschuld, Bescheidenheit
- Gladiole ≈ Stärke
- Kaktus, Distel ≈ Ablehnung, Beleidigung
- Lilie ≈ Eleganz, Unschuld, Reinheit
- Männertreu, Veilchen ≈ Treue
- Margerite ≈ Natürlichkeit
- Schneeglöckchen, Tulpe, Hyazinthe ≈ Frühlingsbote
- Vergissmeinnicht, Wicke ≈ zärtliche Erinnerung
- Klee, vierblättrig ≈ Glück
- Rote Rose, Nelke, Gladiole, Tulpe oder Dahlie ≈ Liebe
- Weiße Aster, Hortensie oder Chrysantheme ≈ Todesblume

Verstehen Sie die Sprache der Blumen? Decken Sie die Begriffe ab und beantworten Sie folgende Fragen:

1) Sie möchten Ihrer besten Freundin einen Frühlingsgruß schicken – für welche Blumen entscheiden Sie sich?

2) Sie sollen ein Bouquet für eine Beerdigung zusammenstellen – welche Blumen sind angebracht?

3) Ihre Schwiegermutter schenkt Ihnen zum Geburtstag einen riesengroßen Kaktus – was möchte sie hiermit zum Ausdruck bringen?

4) Sie möchten Ihren Mann mit einer Liebeserklärung überraschen – aber nicht rote Rosen verschenken. Welche Blumen sind passend?

Die Lösung finden Sie im Anhang auf Seite 133.

ZEUGENAUSSAGE

Sie sind Zeuge eines Unfalls auf dem Supermarktparkplatz und versuchen, sich innerhalb einer Minute die Nummernschilder aller fünf Beteiligter zu merken.

D WS XGQ 9837

D TT RCD 7632

D ZL MYI 4119

D GY WLB 6943

D SH JEX 2594

Die Polizei befragt Sie nach den Kennzeichen. Durch eine andere Zeugenaussage erhalten Sie dazu einige Vorgaben. Schaffen Sie es, die Kennzeichen zu vervollständigen – natürlich ohne oben nachzuschauen?

.... XGQ ....

TT ....

ZL ....

.... 6943

.... JEX ....

Zugangsdaten fürs Internet

Speichern Sie diese fünf Zugangsdaten innerhalb von drei Minuten in Ihrem Gedächtnis ab!

LOG IN **eBay**
Name: noname-mitglied
Passwort: rigoros
ENTER

LOG IN **MySpace**
E-Mail: klaus.mustermann@example.com
Passwort: 75x388
ENTER

LOG IN **Amazon**
E-Mail: klaus.mustermann@example.com
Passwort: eigelb9810
ENTER

LOG IN **Online-Bank**
Konto-Nr.: 8763783
PIN: 67385
ENTER

LOG IN **YouTube**
Name: kawasaki_117351
Passwort: hotzenplotz
ENTER

Loggen Sie sich ein – ohne einen Blick nach oben zu werfen!

YouTube

....

....

Online-Bank

....

....

eBay

....

....

MySpace

....

....

Amazon

....

....

....

....

Kleingeld

In Ihrem Portemonnaie finden Sie das folgende Münzgeld. Betrachten Sie die 16 Münzen konzentriert zwei Minuten lang und decken Sie die Münzen dann ab!

Haben Sie sich gemerkt, welche Münzen abgebildet sind? Dann rechnen Sie nun in reiner Kopfarbeit den Gesamtbetrag zusammen, schreiben die Zahl auf und vergleichen sie mit der Lösung!

.... €

Lösung:
9,19 €

Lösungen

Aufgabe 11

1) Der Mutter Wiederkehr (von Droste-Hülshoff)
2) Die Metamorphose der Pflanzen (von Goethe)
3) Messias, Erster Gesang (von Klopstock)
4) Die Selbstkritik hat viel für sich (von Busch)
5) Das Geisterschloß (von Poe)

Aufgabe 15

Das Lösungswort lautet: GEDAECHTNISTRAINING

Aufgabe 30

Bach	Komponist	Wasserlauf
Schlange	Reptil	Warteschlange
Quark	Milcherzeugnis	Atomares Teilchen
Käfer	Tier	Volkswagen
Drache	Fluggerät	Fabelwesen
Berliner	Stadtbewohner	Gebäck
Arm	Mittellos	Körperteil
Strom	Fluss	Elektrischer Strom

Aufgabe 49

Hier sind Lösungsvorschläge:

1) Wolf im Schafspelz; Du bist eine richtige Nachteule; Die Spatzen pfeifen es bereits von den Dächern; Eine Krähe hackt der anderen kein Auge aus; wie der Elefant im Porzellanladen; diebische Elster; stur wie ein Esel …

2) Rotkäppchen; Die Bremer Stadtmusikanten; Brüderchen und Schwesterchen; Der Hase und der Igel; Der Zaunkönig und der Bär …

3) Schwalben tief im Fluge – Gewitter kommt zum Zuge; Kuckucksruf und Nachtigall – Sommer ist es überall; Geht ein Fisch nicht an die Angel, ist an Regen bald ein Mangel; Regnet es am Siebenschläfertag, der Regen sieben Wochen nicht weichen mag …

Aufgabe 50

Hier sind Lösungsvorschläge:
Affe: schlau; Elefant: gutes Gedächtnis; Katze: eigensinnig; Löwe: stark, königlich; Kröte: Boshaftigkeit; Maus: Unruhe; Fuchs: schlau; Wiesel: flink; Elster: diebisch; Rind: dumm; Biene: fleißig; Taube: Frieden; Bär: stark; Schwan: stolz; Fliege: lästig; Adler: erhaben; Esel: stur; Reh: scheu; Storch: Kindersegen

Aufgabe 61

Land	Stadt	Sehenswürdigkeit
England	London	Tower Bridge
Italien	Rom	Kolosseum
Italien	Venedig	Rialtobrücke
Australien	Sydney	Opernhaus von Sydney
Belgien	Brüssel	Atomium
USA	New York	Freiheitsstatue
Italien	Pisa	Schiefer Turm von Pisa
Frankreich	Paris	Eiffelturm
Deutschland	Köln	Kölner Dom
Vereinigte Arabische Emirate	Dubai	Burj al arab
Indien	Agra	Taj Mahal
Deutschland	Berlin	Brandenburger Tor
Österreich	Wien	Riesenrad im Prater

Aufgabe 68

Name	Marita	Christa	Bettina
Name des Mannes	Tim	Gregor	Robert
Kinder-anzahl	2	2	2
Alter der Kinder	3	2, 8	3
Beruf der Frau	Bademeis-terin	Phyiothera-peutin	Hebamme
Beruf des Mannes	Reporter	PC-Spiele-Entwickler	Lehrer
Alter der Frau	36	28	28
Alter des Mannes	56	-	40

Aufgabe 71

So etwa könnte Ihre Mind Map zum Thema „Sparen" aussehen – die Mind Map kann beliebig erweitert werden!

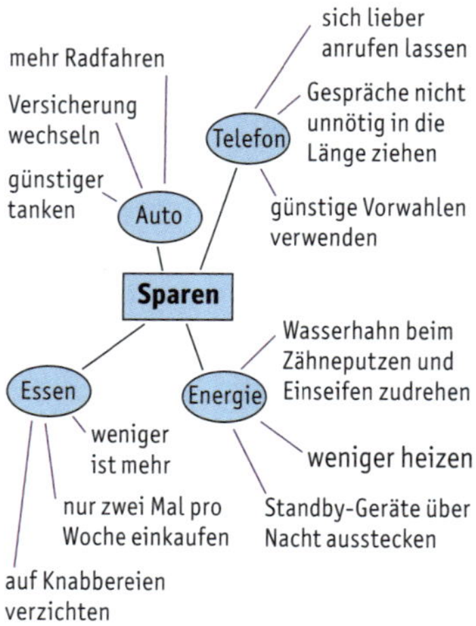

Aufgabe 76

1) Zweiten
2) Kaffee
3) Welt
4) Pril
5) unmöglich
6) Zukunft
7) naschen
8) Maggi
9) ESSO
10) VW Käfer
11) Praline
12) Meister Proper

Aufgabe 79

1) … „something old, something new, something borrowed, something blue“ tragen.
2) Blechdosen und Schild mit „Just married“ an das Auto hängen, Autokarawane mit lautem Hupkonzert, Autos mit weißen Bändern schmücken
3) … Glücksbote.
4) Brautstrauß werfen, Blumenkinder streuen Blütenblätter, Aufgabe des Bräutigams: Brautstrauß besorgen
5) … der Ehe nie das Geld ausgeht.
6) … rotes Herz

Aufgabe 97

1) Schneeglöckchen, Tulpen, Hyazinthen
2) Weiße Astern, weiße Hortensien, weiße Chrysanthemen
3) Ablehnung
4) Rote Nelken, Gladiolen, Tulpen, Dahlien

NOTIZEN

Lust auf noch mehr Pretty Smart?

Jeder Band Pretty Smart
136 Seiten,
10,5 cm x 14 cm
€ 7,95

Logikrätsel
ISBN 978-3-89777-553-4

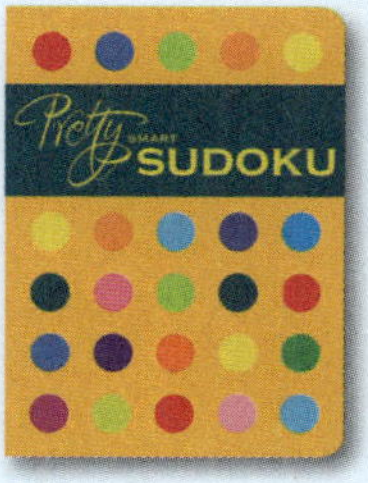

Sudoku
ISBN 978-3-89777-551-0

Denksport
ISBN 978-3-89777-554-1

Wortwechsel
978-3-89777-550-3

Buchstabensalat
ISBN 978-3-89777-549-7

Christiane Stengers Gedächtnistraining – So steigern Sie spielerisch Ihre Gedächtnisleistung!

Die Jugendweltmeisterin im Gedächtnistraining verrät Ihnen die effektivsten Tipps und Tricks.

Christiane Stengers
Gedächtnistraining
für Erwachsene
€ 22,00*
Art.-Nr. 25101

Inhalt:

Begleitbuch mit 36 Seiten	12 Quizkarten
Sanduhr	12 Merkkarten
6 Bilderwürfel	24 Memokarten
	66 Dominosteine

* unverbindliche Preisempfehlung